广东省交通运输行业地方标准

# 广东省岩溶地区公路桥梁桩基设计与施工技术指南

**Guidelines for Design and Construction of Pile Foundations of Expressway Bridges in Karst Areas of Guangdong Province**

**GDJTG/T A01—2016**

主编单位：广东省长大公路工程有限公司
广东省公路勘察规划设计院股份有限公司
华中科技大学
批准部门：广东省交通运输厅
实施日期：2017 年 01 月 03 日

人民交通出版社股份有限公司

## 内 容 提 要

为了提高广东省岩溶地区公路桥梁桩基设计水平与工程施工质量，确保施工安全，保护施工生态环境，编写本指南。

本指南的主要内容有：总则，术语及符号，基本规定，岩土工程勘察桩基设计与计算，桩基施工和质量检测与验收。

**图书在版编目(CIP)数据**

广东省岩溶地区公路桥梁桩基设计与施工技术指南 / 广东省长大公路工程有限公司，广东省公路勘察规划设计院股份有限公司，华中科技大学编著. — 北京 ：人民交通出版社股份有限公司，2018. 4

ISBN 978-7-114-14457-8

Ⅰ. ①广… Ⅱ. ①广…. ②广…. ③华… Ⅲ. ①岩溶区—公路桥—桥梁基础—桩基础—桥梁设计—广东—指南②岩溶区—公路桥—桥梁基础—桩基础—桥梁施工—广东—指南 Ⅳ. ①U448. 143. 15-62

中国版本图书馆 CIP 数据核字(2018)第 050772 号

**标准类型：广东省交通运输行业地方标准**
**标准名称：广东省岩溶地区公路桥梁桩基设计与施工技术指南**
**标准编号：**GDJTG/T A01—2016
**主编单位：**广东省长大公路工程有限公司
广东省公路勘察规划设计院股份有限公司
华中科技大学
**责任编辑：**刘永芬　朱明周
**责任校对：**赵媛媛
**责任印制：**张　凯
**出版发行：**人民交通出版社股份有限公司
**地　　址：**(100011)北京市朝阳区安定门外外馆斜街 3 号
**网　　址：**http：//www. ccpress. com. cn
**销售电话：**(010)59757973
**总 经 销：**人民交通出版社股份有限公司发行部
**经　　销：**各地新华书店
**印　　刷：**北京鑫正大印刷有限公司
**开　　本：**880 × 1230　1/16
**印　　张：**4
**字　　数：**73 千
**版　　次：**2018 年 4 月　第 1 版
**印　　次：**2018 年 4 月　第 1 次印刷
**书　　号：**ISBN 978-7-114-14457-8
**定　　价：**28. 00 元

# 广东省交通运输厅文件

粤交科函〔2017〕10号

## 广东省交通运输厅关于发布《广东省岩溶地区公路桥梁桩基设计与施工技术指南》的通知

各地级以上市交通运输局(委)、顺德区国土城建和水利局、环境运输和城市管理局，省公路局、省交通运输工程质量监督站、省交通运输工程造价管理站、省交通运输规划研究中心，省交通集团、省南粤交通投资建设有限公司，各有关单位：

为提高广东省岩溶地区公路桥梁桩基设计水平与工程施工质量，确保施工安全，保护施工生态环境，厅组织编制了《广东省岩溶地区公路桥梁桩基设计与施工技术指南》(GDJTG/T A01—2016)，现予以发布，自发布之日起在全省交通运输行业施行。指南文件请在广东省交通科技网(http://jtkj.gdcd.gov.cn)通知公告栏下载。

实施过程中，请各有关单位注意收集资料、总结经验，及时将遇到的问题及修改意见、建议等反馈至以下负责解释和日常管理工作的单位，以便修订完善。

负责解释单位：广东省长大公路工程有限公司(地址：广州市番禺区南浦沿沙东路33号，邮编：511431，联系电话：020-66613970，电子邮箱：

526430658@ qq. com）。

负责日常管理单位：广东省交通运输规划研究中心（地址：广州市越秀区白云路27号1510室，邮政编码：510101，联系电话：020-83730237，电子邮箱：gdjtdb@ gdcd. gov. cn）。

附件：广东省岩溶地区公路桥梁桩基设计与施工技术指南

广东省交通运输厅

2017年1月3日

# 前　言

本指南根据广东省交通厅政府引导项目［2009—03—016］的要求，由广东省长大公路工程有限公司会同有关勘察、设计、施工和科学研究单位联合完成。

指南编写过程中，结合近年来广东省岩溶地区桩基设计和施工技术发展的现状，编制组开展了理论专题研究，进行了大量的现场调查和资料分析，总结了广东省岩溶地区桩基设计和施工经验，吸纳了国内其他单位的研究成果和实际工程经验。指南的初稿完成后，通过多种方式公开征求了有关单位和专家的意见，在广东省交通运输厅组织专家评审后，经反复修改，完成了本指南的编写。

本指南的主要内容包括：总则、术语及符号、基本规定、岩土工程勘察、岩溶地区桩基设计与计算、岩溶地区桩基施工和桩基质量检测与验收。

主 编 单 位：广东省长大公路工程有限公司
广东省公路勘察规划设计院股份有限公司
华中科技大学
主要参编人员：刘志峰　孙向东　汪华斌　苏年就
周　博　何海群　赵文峰　陈庆华
戴祖生　梁立农　郑必灿　张伟锋
倪伟杰　牟　芸

# 目　　次

# 1　总则

**1.0.1**　为提高广东省岩溶地区公路桥梁桩基设计水平与工程施工质量，确保施工安全，保护施工生态环境，特制订本指南（以下简称指南）。

**1.0.2**　本指南适用于广东省内岩溶地区公路桥梁桩基工程的设计与施工。

**1.0.3**　岩溶地区大型桥梁桩基设计与施工过程应坚持因地制宜的原则，结合不同的工程地质条件和桥梁工程特点制订相应的方案。

**1.0.4**　桩基施工中，应积极推广采用新技术、新工艺、新设备、新材料、新检测方法。当采用未列入本指南的新技术、新工艺、新设备、新材料、新检测方法时，必须制订不低于本指南要求的质量标准和工艺要求，并经有关部门批准后方可执行。

**1.0.5**　岩溶地区桩基施工应做好施工前的准备工作和施工中的技术交底、施工组织和施工管理工作，制订施工安全应急预案，严格执行本指南中有关岩溶不良现象处治的技术标准。

**1.0.6**　岩溶地区桩基工程设计与施工除应按本指南执行外，尚应符合国家和行业有关标准的规定。

# 2 术语及符号

## 2.1 术语

**2.1.1** 岩溶 karst

水对可溶岩石进行溶蚀、伴有沉积的综合地质作用，以及由此产生的各种地质现象的总称。

**2.1.2** 桩基础 pile foundation

由设置于岩土中的桩、与桩顶联结的承台共同组成的群桩基础或由柱与桩直接联结的单桩基础。

**2.1.3** 基桩 pile

桩基础中的单桩。

**2.1.4** 灌注桩 cast-in-place concrete pile

在地基中以人工或机械成孔，在孔中灌注混凝土而成的桩。

**2.1.5** 端承桩 point bearing pile

在竖向极限荷载作用下，桩顶荷载全部或主要由桩端阻力承受，桩侧阻力相对桩端阻力而言较小，或可忽略不计的桩。

**2.1.6** 溶洞稳定性分析 stability of karst cave

分析溶洞稳定性影响因素，包括洞体形态与埋藏条件、岩性及厚度、裂隙发育状况、岩层产状、顶板情况、充填情况以及地下水等，定性评价各因素组合情况下溶洞顶板稳定性。溶洞稳定性的定量分析则包括简化模型分析和数值模拟分析。

**2.1.7** 溶洞顶板安全厚度 safety thickness of roof

满足基桩承载力要求时的桩端持力层厚度。

**2.1.8** 最佳入岩深度 optimum length in rock

端承桩入岩的合理深度。

**2.1.9** 最大入岩深度 maximum length in rock

端承桩入岩的最大深度。

**2.1.10** 单桩竖向极限承载力标准值 standard value of ultimate vertical bearing capacity of a single pile

单桩在竖向荷载作用下到达破坏状态前或出现不适于继续承载的变形时所对应的最大荷载，它取决于土对桩的支承阻力和桩身承载力。

**2.1.11** 极限侧阻力标准值 standard value of ultimate shaft resistance

相应于桩顶作用极限荷载时，桩身侧表面所发生的岩土阻力。

**2.1.12** 极限端阻力标准值 standard value of ultimate tip resistance

相应于桩顶作用极限荷载时，桩端所发生的岩土阻力。

**2.1.13** 单桩竖向承载力特征值 characteristic value of the vertical bearing capacity of a single pile

单桩竖向极限承载力标准值除以安全系数后的承载力值。

**2.1.14** 负摩阻力 negative skin friction，negative shaft resistance

桩周土由于自重固结、湿陷、地面荷载作用等原因而产生大于基桩的沉降所引起的对桩表面的向下摩阻力。

**2.1.15** 灌注桩后注浆 post grouting for cast-in-situ pile

灌注桩成桩后一定时间，通过预设于桩身内的注浆导管及与之相连的桩端、桩侧注浆阀注入水泥浆，使桩端、桩侧土体得到加固，从而提高单桩承载力，减小沉降。

**2.1.16** 扩底灌注桩 belled cast-in-place pile foundation

采用扩孔钻具进行桩底扩孔而形成的灌注桩。

## 2.2 符号

$M_H$——在基岩顶面处的弯矩；

$p$——导管可能受到的最大内压力；

$[R_a]$——单桩轴向受压承载力容许值；

$f_{rk}$——桩端岩石饱和单轴抗压强度标准值；

$q_{ik}$——桩侧第 $i$ 层土的侧阻力标准值；

$f_{rK}$——岩石饱和单轴抗压强度标准值，黏土质岩取天然湿度单轴抗压强度标准值；

$\gamma_c$——混凝土拌和物的重度；

$\gamma_w$——井孔内水或泥浆的重度；

$A_p$——桩端截面面积；

$d_e$——束筋成束后等代直径；

$d$——桩径；

$d_0$——导管内径；

$l$——顶板跨度（溶洞跨度）；

$l_i$——各土层的厚度；

$h$——顶板厚度；

$h_0$——桩嵌入基岩中（不计强风化层和全风化层）的有效深度；

$h_i$——桩嵌入各岩层部分的厚度；

$h_c$——导管内混凝土柱最大高度，以导管全长或预计的最大高度计；

$h_w$——井孔内水或泥浆的深度；

$h_1$——桩孔内混凝土达到埋置深度 $H_2$ 时，导管内混凝土柱平衡导管外（或泥浆）压力所需的高度，即 $H_1 = H_w \gamma_w / \gamma_c$；

$H_1$——桩孔底至导管底端间距；

$H_2$——导管初次埋置深度；

$H_w$——井孔内水或泥浆的深度；

$N$——单束钢筋根数；

$n$——土层的层数；

$m$——岩层的层数；

$t$——桩端沉渣厚度；

$u$——各土层或各岩层部分的桩身周长；

$V$——灌注首批混凝土所需数量；

$\theta$——岩石应力扩散角；

$F$——溶洞形态调整系数；

$\varphi$——岩石内摩擦角；

$c_1$——端阻发挥系数；

$c_{2i}$——第 $i$ 层岩层的侧阻发挥系数；

$K_1$、$K_2$——溶洞影响折减系数；

$\zeta_a$——覆盖层土的侧阻力发挥系数；

$\beta$——系数，$\beta = 0.5 \sim 1.0$，根据岩层侧面构造而定，节理发育的取小值；节理不发育的取最大值。

# 3 基本规定

**3.0.1** 岩溶地区桩基设计与施工应按有关标准、规范和文件要求，参考本指南编制施工组织设计。

**3.0.2** 桩基的详细勘察除应满足现行国家标准《岩土工程勘察规范》（GB 50021）和现行行业标准《公路工程地质勘察规范》（JTG C20）有关要求外，岩溶地质条件相对简单且无大型溶洞的情况下，当发现或可能存在危害工程的洞体时，应加密勘探点；特别是基桩点附近发育多层溶洞或岩溶地质条件极其复杂的情况下，基桩勘探点可适当增加至3~4个。

**3.0.3** 岩溶地区的桩基选址应尽量避开稳定性差的浅埋溶洞群和洞径大、顶板岩层破碎、洞底有新近堆积物、土洞发育的地段。确实无法避开的情况下，岩溶地区桩基的设计与计算须遵循本指南5.2桩基设计指南。

**3.0.4** 同一承台下的两根桩基施工或者相邻区域有多根桩基施工时，应遵循先难后易的施工顺序，即先施工地质情况较复杂的桩基，然后施工地质情况较好的桩基；尽量避免可能出现桩基施工事故对已成桩的不良影响。

**3.0.5** 根据岩溶工程地质和水文地质条件，合理地选定桩孔施工工艺方案。

**3.0.6** 对于溶洞大小、分布较为明确，或持力层附近溶洞发育丰富，且对桩基的承载力影响明显的情况，应对溶洞进行预处理，可以采取静压注浆技术或溶洞压浆技术。

# 4 岩土工程勘察

**4.0.1** 岩土工程勘察应按桥梁桩基工程建设各勘察阶段的要求，正确反映工程地质条件，查明不良地质作用和地质灾害，详细分析土洞和塌陷以及岩溶洞隙的分布、形态和发育规律、岩面起伏、形态和覆盖层厚度以及岩溶发育与地貌、构造、岩性、地下水的关系等，提供资料完整和评价准确的勘察报告。

**4.0.2** 岩溶勘察宜采用工程地质测绘以及调查、物探、钻探等多种手段结合，按照可行性勘察、初步勘察和详细勘察三个阶段进行，并应符合下列要求：

（1）可行性研究勘察应查明岩溶洞隙、土洞的发育条件，并对其危害程度和发展趋势做出判断，对场地的稳定性和工程建设的适宜性做出初步评价；

（2）初步勘察应查明岩溶洞隙及其伴生土洞、塌陷的分布、发育程度和发育规律，并按场地的稳定性和适宜性进行分区；

（3）详细勘察应查明拟建工程范围及有影响地段的各种岩溶洞隙和土洞的位置、规模、埋深、岩溶堆填物性状和地下水特征等，对桥梁桩基设计和岩溶治理提出建议；

（4）岩溶地区工程地质勘探可以“三选一”+钻探+“二选一”，其中“三”指“电法勘探、地震勘探、地质雷达”，“二”指“管波探测法、层析成像技术”。在大多情况下，建议采用地质雷达+钻探+管波探测法。

**4.0.3** 在工程地质测绘和调查的基础上，应以物探与钻探相结合，查明桥梁桩基附近及其应力影响范围内岩溶地质现象，主要包括如下内容：

（1）岩溶发育与地层岩性、地质构造、水文地质条件及新构造运动的关系；

（2）覆盖层的成因、类型、分布、厚度、土质名称、地层结构；

（3）基岩的岩性、地质年代、地层层序、分布范围、埋设和基岩面起伏变化情况；

（4）褶皱、断裂、节理的类型、规模、性质、分布范围和产状；

（5）土洞、岩溶洞隙、暗河的分布范围、规模及其稳定性；

（6）地下水的类型、分布、富水程度、埋藏条件、水位变化及运动规律；

（7）土洞、岩溶水害、岩溶塌陷的成因、分布和发育规律；

（8）当地治理岩溶、土洞和地面塌陷的经验；

（9）溶洞填充类型，填充物的种类和分布情况。

**4.0.4** 工程地质调绘中，宜调绘地层接触线、可溶岩与非可溶岩界限、断层、土洞、岩溶塌陷、落水洞、暗河、井及泉等地下水露头、岩溶水的消水位置和洪水痕迹。在覆盖层发育的代表性地段宜布置调绘点。在覆盖层发育地带，对于与桥梁桩基设置关系密切的隐伏岩溶、土洞等应辅以物探、挖探等进行调绘。

**4.0.5** 对岩溶发育地区的下列部位，应查明土洞和土洞群的位置：

（1）土层较薄、土中裂隙及其下岩体洞隙发育部位；

（2）岩面张开裂隙发育，石芽或外露的岩体与土体交接部位；

（3）两组构造裂隙交汇处和宽大裂隙带；

（4）隐伏溶沟、溶槽、漏斗等，其上有软弱土分布的负岩面地段；

（5）地下水强烈活动于岩土交界面的地段和大幅度人工降水地段；

（6）低洼地段和地表水体近旁。

**4.0.6** 岩溶勘察的测试和观测应符合下列要求：

（1）当追索隐伏洞隙的联系时，可进行连通试验；

（2）评价洞隙稳定性时，可采取洞体顶板岩样和充填物土样作物理力学性质试验，必要时可进行现场顶板岩体的载荷试验；

（3）当需查明土的性状与土洞形成的关系时，可进行湿化、胀缩、可溶性和剪切试验；

（4）当需查明地下水动力条件、潜蚀作用、地表水与地下水联系并预测土洞和塌陷的发生、发展时，可进行流速、流向测定和水位、水质的长期观测。

**4.0.7** 当场地存在下列情况之一时，可评定为岩溶桩基设计和施工不利地段：

（1）浅层洞体或溶洞群，洞径大，且不稳定的地段；

（2）埋藏有漏斗、槽谷等，并覆盖有软弱土体的地段；

（3）土洞或塌陷成群发育的地段；

（4）岩溶水排泄不畅，可能暂时淹没的地段。

**4.0.8** 在岩溶地质现象复杂的情况下，或发现可能存在危害工程的洞体时，应进行地质补勘。沿桥轴线及墩台位置布置物探断面，主墩、主塔、高墩、桥台部位根据工程地质、水文地质和场地条件，每根基桩周边布置勘探孔 2 ~ 3 个；或在方法试验的基础上选择地质雷达、管波探测法和层析成像技术等，与钻孔勘探和物探相结合，揭示场地范围内的岩溶空间形态特征和分布规律。

**4.0.9** 钻孔应钻穿溶洞进入稳定岩土层，端承桩的控制性勘探钻孔应深入预计桩端平面以下不小于 3 ~ 5 倍桩身设计直径；一般性桩基础勘探应深入预计桩端平面以下不小于 1 ~ 3 倍桩身设计直径并不小于 4m；在该深度内遇岩溶洞穴应在底板稳定基岩内再钻进3～5m。

**4.0.10** 根据不同的勘察阶段，在勘探深度范围内的每一地层，均应采取不扰动试样进行室内试验或根据土质情况选用有效的原位测试方法进行原位测试，提供设计所需参数。

初步勘察采取土试样和进行原位测试应符合下列要求：

（1）采取土试样和进行原位测试的勘探点应结合地貌单元、地层结构和土的工程性质布置，其数量可占勘探点总数的1/4～1/2。

（2）采取土试样的数量和孔内原位测试的竖向间距，应按地层特点和土的均匀程度确定；每层土均应采取土试样或进行原位测试，其数量不应少于6个。

详细勘察采取土试样和进行原位测试应符合下列要求：

（1）采取土试样和进行原位测试的勘探点数量，应根据地层结构、地基土的均匀性和设计要求确定，基桩周围或附近2m范围内不应少于3个；

（2）每个场地每一主要土层的原状土试样或原位测试数据不应少于6件（组）；

（3）在地基主要受力层内，对厚度大于0.5m的夹层或透镜体，应采取土试样或进行原位测试；

（4）当土层性质不均匀时，应增加实验取土数量或原位测试工作量。

**4.0.11** 岩溶地区桩基施工过程中应对复杂岩溶地质条件进行复查，揭露施工中的岩溶不良地质灾害，提供变更设计所需的岩溶地质资料。

# 5 岩溶地区桩基设计与计算

## 5.1 一般规定

**5.1.1** 岩溶地区的桩基设计原则应符合的规定

（1）岩溶地区桩基应按照承载能力极限状态以及正常使用极限状态进行设计。

（2）岩溶地区桩基设计应验算在桩基组合效应作用下溶洞顶板稳定性，确定其顶板安全厚度。

（3）岩溶地区的桩基，可采用钻、冲孔灌注桩，但在技术允许情况下宜考虑使用回转钻孔灌注桩或干作业螺旋钻孔灌注桩；当上部荷载不大，且表层土洞发育非常强烈时，可采用小直径预应力混凝土管桩，但桩端必须寻找到较好的岩层；当单桩荷载较大，岩层埋深较浅时，宜采用端承型桩。

（4）当嵌岩桩桩端持力层较破碎，基岩岩溶裂隙发育强烈时，宜采用灌注桩后注浆技术进行加固处理。

（5）当基岩面起伏很大且埋深较大时，宜采用支承于岩面上的端承桩。

（6）当基岩较深，基岩下溶洞发育强烈，桩端没有较好的持力层时，可采用摩擦型群桩，并采用后注浆技术对桩端进行加固。

**5.1.2** 岩溶地区桩基设计必须准备的资料

（1）岩土工程勘察文件

①桩基按两类极限状态进行设计所需的岩土物理力学参数及原位测试参数；

②对构筑物场地的岩溶不良地质条件等，应有明确判断、结论和应急处治方案；

③地下水位埋藏情况、类型和水位变化幅度及抗浮设计水位，土、水的腐蚀性评价、地下水浮力计算的设计水位；

④抗震设防区按设防烈度提供的液化土层资料。

（2）环境条件的有关资料

①附近类似工程地质条件场地的桩基工程试桩资料和单桩承载力设计参数；

②周围建筑物的防振、防噪声要求；

③泥浆排放和弃土条件；

④公路桥梁工程所在地区的抗震设防烈度。

（3）施工条件的有关资料

①施工机械设备条件、制桩条件、动力条件以及施工工艺对地质条件的适应性；

②水、电及有关建筑材料的供应条件；

③施工机械的进出场及现场运行条件。

（4）供设计比较用的有关桩型及实施可行性的资料。

**5.1.3** 基桩构造

（1）钻孔灌注桩设计直径宜采用1.0～3.2m；挖孔桩直径或最小边宽度不宜小于1.2m；钢筋混凝土管桩直径可采用0.4～0.8m，管壁最小厚度8cm。

（2）钢筋混凝土桩

①桩身混凝土强度等级：钻（挖）孔桩、沉桩不应低于C25；管桩填芯混凝土不应低于C15。

②钢筋混凝土沉桩的桩身，应按运输、沉入和使用各阶段内力要求通长配筋。桩的两端和接桩区箍筋或螺旋筋的间距须加密，其值可取40～50mm。

③钻（挖）孔桩应按桩身内力大小分段配筋。当内力计算表明不需配筋时，应在桩顶3.0～5.0m内设构造钢筋。

a. 桩内主筋直径不应小于16mm，每桩的主筋数量不应少于8根，其净距不应小于80mm且不应大于350mm。

b. 如配筋较多，可采用束筋。组成束筋的单根钢筋直径不应大于36mm。组成束筋的钢筋根数：当其直径不大于28mm时不应多于3根，当其直径大于28mm时应为2根。束筋成束后等代直径为$d_e=\sqrt{n}d$，式中$n$为单束钢筋根数，$d$为单根钢筋直径。

c. 钢筋保护层净距不应小于60mm。

d. 闭合式箍筋或螺旋筋直径不应小于主筋直径的1/4，且不应小于8mm，其中距不应大于主筋直径的15倍且不应大于300mm。

e. 钢筋笼骨架上每隔1.5～2.0m设置加劲箍一道，钢筋直径16～32mm。

④混凝土预制桩的分节长度应根据施工条件决定，并应尽量减少接头数量。接头强度不应低于桩身强度，接头法兰盘不应突出于桩身之外。

⑤桩端嵌入非饱和状态强风化岩的预应力混凝土敞口管桩，应采取有效的预防渗水软化桩端持力层的措施。

⑥河床岩层受到冲刷时，钻孔桩有效深度应考虑岩层最低冲刷高程。

（3）预应力高强混凝土管桩

①预应力高强混凝土管桩桩身混凝土强度等级不得低于C80，由桩身、端板和桩套箍等组成。

②管桩的结构以及管桩桩身的抗裂弯矩和极限弯矩检验值应满足现行国家标准《先张法预应力混凝土管桩》（GB 13476）的规定。

③预应力钢筋应采用预应力混凝土用低松弛螺旋槽钢棒，其质量应符合现行国家标准《预应力混凝土用钢棒》（GB/T 5223.3）的相关规定。

④螺旋箍筋宜采用低碳钢热轧圆盘条、混凝土制品用冷拔低碳钢丝中的甲级冷拔低碳钢丝，其质量应分别符合现行国家和行业标准《低碳钢热轧圆盘条》（GB/T 701）、

《混凝土制品用冷拔低碳钢丝》（JC/T 540）的有关规定。

⑤端板应采用不低于 Q235B，其性能应符合现行行业标准《先张法预应力混凝土管桩用端板》（JC/T 947）的规定。桩套箍的力学性能应符合现行国家标准《碳素结构钢》（GB/ T 700）中 Q235 的规定。

⑥桩顶嵌入承台内长度对中等直径管桩不应小于 50mm；对大直径管桩不应小于 100mm。

⑦采用管桩内的纵向钢筋直接与承台锚固时，锚固长度不得小于 50 倍纵向钢筋直径，且不小于 500mm。当采用锚入和腔内的后插钢筋与承台连接时，其锚入承台内的长度不应小于 35 倍纵向钢筋直径。

**5.1.4** 承台和横系梁构造

（1）承台的厚度宜为桩直径的 1.0 倍及以上，且不宜小于 1.5m，混凝土强度等级不应低于 C25。

（2）当桩顶直接埋入承台连接时，应在每根桩的顶面上设 1～2 层钢筋网。当桩顶主筋伸入承台时，承台在桩身混凝土顶端平面内须设一层钢筋网，在每米内（按每一方向）设钢筋网 1200～1500$mm^2$，钢筋直径采用 12～16mm，钢筋网应通过桩顶且不应截断。承台的顶面和侧面应设置表层钢筋网，每个面在两个方向的截面面积均不宜小于 400$mm^2$/m，钢筋间距不应大于 400mm。

（3）当用横系梁加强桩之间的整体性时，横系梁的高度可取为 0.8～1.0 倍桩的直径，宽度可取为 0.6～1.0 倍桩的直径。混凝土的强度等级不应低于 C25。纵向钢筋不应少于横系梁截面面积的 0.15%；箍筋直径不应小于 8mm，其间距不应大于 400mm。

**5.1.5** 桩与承台、横系梁的连接应符合的要求

（1）桩顶直接埋入承台连接：当桩径（或边长）小于 0.6m 时，埋入长度不应小于 2 倍桩径（或边长）；当桩径（或边长）为 0.6～1.2m 时，埋入长度不应小于 1.2m；当桩径（或边长）大于 1.2m 时，埋入长度不应小于桩径（或边长）。

（2）桩顶主筋伸入承台连接：桩身嵌入承台内的深度可采用 100mm；伸入承台内的桩顶主筋可做成喇叭形（与竖直线夹角大约为 15°）。伸入承台内的主筋长度，光圆钢筋不应小于 30 倍钢筋直径（设弯钩），带肋钢筋不应小于 35 倍钢筋直径（不设弯钩）。

（3）对于大直径灌注桩，当采用一柱一桩时，可设置横系梁或将桩与柱直接连接。

（4）管桩与承台连接时，伸入承台内的纵向钢筋如采用插筋，插筋数量不应少于 4 根，直径不应小于 16mm，锚入承台长度不宜少于 35 倍钢筋直径，插入管桩顶填芯混凝土长度不宜小于 1.0m。

（5）横系梁的主钢筋应伸入桩内，其长度不小于 35 倍主筋直径。

## 5.2 桩基设计指南

**5.2.1** 稳定性差的浅埋溶洞群和洞径大、顶板岩层破碎、洞底有新近堆积物、土洞发育的地段，应根据洞体大小、岩体结构、洞内堆积物和岩溶水活动情况等进行溶洞顶板安全性分析。对单个较大的溶洞，可视洞体顶板形态、成拱条件和裂隙分布状况，分别将其作为梁、板或拱壳受力情况进行溶洞顶板稳定性计算。当桩端持力层的厚度在 $3d$ 左右，且溶洞顶板岩石较破碎时，应分析计算溶洞的安全性。

**5.2.2** 岩溶地区端承桩桩基选形以圆形截面桩为主，技术支持条件下宜采用变截面桩、螺旋形截面桩和桩端扩大头桩。

**5.2.3** 岩溶地区嵌岩桩桩基桩径应根据设计承载力确定，并兼顾桩端持力层溶洞影响。当顶板跨度小于 $8d$ 时，桩径宜取 $d \geqslant l - 2h\tan\theta$（$l$ 为顶板跨度，$h$ 为顶板厚度，$\theta$ 为岩石应力扩散角）。

**5.2.4** 在岩溶发育强烈地区，为提高桥梁整体稳定性及抗弯、抗剪能力，可考虑设计预应力混凝土管桩，使桩与承台、承台与墩、柱连成一体。

**5.2.5** 岩溶地区端承桩桩长设计应根据地质条件确定。

（1）当完整基岩厚度小于 3 倍桩径，基岩裂隙发育时，桩端宜穿越溶洞进入下层基岩。

（2）岩溶地区嵌岩桩以端承摩擦型桩为主，其端承力和侧摩阻力都占桩基承载力较大的比重。为了尽量提供充分的桩端承力和桩侧摩阻力，桩端面以下顶板厚度应大于 $2.5d$ 且不小于 4m。

（3）顶板安全厚度受上部荷载、桩基类型、端阻和侧阻分担比、嵌岩深度、岩石岩性以及溶洞形态等多方面的制约。当勘察资料显示桩端面下有溶洞存在时，应根据以上条件验算溶洞顶板的安全性。

（4）在无法准确掌握溶洞具体情况时，为保证桩基安全，溶洞顶板厚度应大于 $2.5d$ 且不小于 4m。如果桩侧摩阻力所占比例超过 50% 时，顶板厚度要求值可小于 $2.5d$ 或 4m，且顶板厚度大于 $1d$ 且不小于 2m；如果桩身较短（小于 30m），上部荷载较大且端承力占绝大比例（80% 以上），则顶板安全厚度要求值需达到 $3 \sim 5d$；如果桩端以下持力层岩性较差、岩体较破碎、岩溶裂隙发育强烈、裂隙水丰富时，桩底溶洞顶板厚度不宜小于 $5d$ 且不小于 5m。

（5）在桩端入岩深度和溶洞顶板厚度两个因数相互制约的条件下，设计中如果顶板厚度在临界值（$3d$）附近，且顶板完整性较差，裂隙、节理发育强烈时，应对桩端持力层进行后注浆加固以确保安全性。

（6）当勘察资料显示桩端下溶洞高度小于5m，其顶板跨度小于临界跨度 $l_{cr}=d+2h\tan\theta$（$d$ 为桩径，$h$ 为顶板厚度，$\theta$ 为岩石应力扩散角）时，可不用考虑溶洞对桩基承载力的影响，但顶板厚度大于1$d$ 且不小于2m。同时，应尽量减小在冲孔过程对溶洞的扰动，达到终孔高程时应采用小冲程快打的冲孔方式终孔。

（7）当勘察资料显示桩端下溶洞中心偏离桩轴线横向距离大于临界横向偏心距离 $\Delta l_{cl}=\frac{1}{2}(d+l)+\gamma h\tan\theta$（$d$ 为桩径，$l$ 为溶洞跨度，$\gamma$ 为溶洞形态调整系数，$h$ 为顶板厚度，$\theta$ 为岩石应力扩散角）时，可不考虑溶洞对桩基承载力的影响。但应对溶洞边侧壁加固，防止横向扰动影响溶洞侧壁稳定性。

（8）桩基设计中如果桩端下溶洞高度小于5m可不考虑溶洞洞高对桩基承载力的影响，但应避免不规则形态的溶洞受力时的应力集中效应，当溶洞形态复杂时，可对溶洞部分畸角处或形状变异较大的局部采用压浆处理。

**5.2.6** 岩溶地区端承桩在入岩深度和顶板厚度的取舍中应遵循“桩端嵌岩深度宜浅不宜深，优先保证顶板安全厚度”的原则，嵌岩深度可根据基岩的特点（裂隙节理、岩溶发育程度、岩性、厚度等）在1～3$d$ 范围内取最优化值。岩溶地区桩端嵌岩深度不宜超过3$d$。

**5.2.7** 当基岩面起伏较大，岩面溶蚀、溶槽发育强烈时，严禁出现桩端面有部分落到基岩面上，成孔时应尽量穿过表层岩溶发育强烈的区域，并保证桩端环面距基岩顶面的最小厚度在0.2$d$ 或0.5m以上。

**5.2.8** 串珠状溶洞发育的地区，在桩基设计中可以优先选取具有足够安全厚度的顶板岩层作为持力层；如果没有合适的持力层，可遵照本指南中6.8岩溶不良地质现象处治后，在顶板安全厚度和桩基承载力验算的基础上选取合适的设计方案。

**5.2.9** 当基桩处覆盖层为土质较差的淤泥质土且桩底持力层岩层承载力极低时，可增加桩端嵌岩深度，嵌岩深度宜为3～6$d$。

## 5.3 桩的布置和中距

（1）群桩的布置可采用对称形、梅花形或环形。

（2）桩的中距应符合以下要求：

①摩擦桩

锤击、静压沉桩，在桩端处的中距不应小于桩径或边长的3倍，对于软土地基宜适当增大；振动沉入砂土内的桩，在桩端处的中距不应小于桩径或边长的4倍。桩在承台底面处的中距不应小于桩径或边长的1.5倍。

钻孔桩中距不应小于桩径的2.5倍。

挖孔桩中距可参照钻孔桩采用。

②端承桩

支承或嵌固在基岩中的钻（挖）孔桩中距，不应小于桩径的2.0倍。

③扩底灌注桩

钻（挖）孔扩底灌注桩中距不应小于1.5倍扩底直径或扩底直径加1.0m，取较大值。

（3）边桩（或角桩）外侧与承台边缘的距离，对于直径（或边长）小于或等于1.0m的桩，不应小于0.5倍桩径（或边长），并不应小于250mm；对于直径大于1.0m的桩，不应小于0.3倍桩径（或边长），并不应小于500mm。

## 5.4 桩基计算

**5.4.1** 桩的计算，可按下列规定进行：

（1）承台底面以上的荷载假定全部由桩承受；

（2）桥台土压力可自填土前的原地面起算。

**5.4.2** 溶洞对桩基承载力特性的影响分别通过其对端阻力的折减系数和其对总侧摩阻力的折减系数来确定。基于桩基规范经验公式法（现行《JGJ 94 建筑桩基技术规范》），修正后的岩溶地区单桩轴向受压承载力容许值$[R_a]$，可按式（5.4.2-1）计算：

$$[R_a] = c_1 k_1 A_p f_{rk} + k_2\left(u\sum_{i=1}^{m} c_{2i} h_i f_{rki} + \frac{1}{2}\zeta_a u \sum_{i=1}^{n} l_i q_{ik}\right) \tag{5.4.2-1}$$

式中：$[R_a]$——单桩轴向受压承载力容许值（kN），桩身自重与置换土重（当土重计入浮力时，置换土重也计入浮力）的差值作为荷载考虑；

$c_1$——根据清孔情况、岩石破碎程度等因素而定端阻发挥系数，按表5.4.2-1确定；

$k_1$——根据溶洞顶板厚度而定的端阻折减系数，按表5.4.2-2确定；

$A_p$——桩端截面面积（$m^2$），对于扩底桩，取扩底截面面积；

$f_{rk}$——桩端岩石饱和单轴抗压强度标准值（kPa），黏土质岩取天然湿度单轴抗压强度标准值，当$f_{rk}$小于2MPa时按摩擦桩计算（$f_{rki}$为第$i$层的$f_{rk}$值）；

$k_2$——根据溶洞顶板厚度而定的总侧阻发挥系数，按表5.4.2-2确定；

$c_{2i}$——根据清孔情况、岩石破碎程度等因素而定的第$i$层岩层的侧阻发挥系数，按表5.4.2-1确定；

$u$——各土层或各岩层部分的桩身周长（m）；

$h_i$——桩嵌入各岩层部分的厚度（m），不包括强风化层和全风化层；

$m$——岩层的层数，不包括强风化层和全风化层；

$\zeta_a$——覆盖层土的侧阻力发挥系数，根据桩端$f_{rk}$确定；当$2MPa \leqslant f_{rk} < 15MPa$时，$\zeta_a = 0.8$；当$15MPa \leqslant f_{rk} < 30MPa$时，$\zeta_a = 0.5$；当$f_{rk} > 30MPa$时，$\zeta_a = 0.2$；

$l_i$——各土层的厚度（m）；

$q_{ik}$——桩侧第$i$层土的侧阻力标准值（kPa），宜采用单桩摩阻力试验值（在无单桩摩阻力试验值时，可结合成桩工艺选取广东地区经验值）；

$n$——土层的层数，强风化和全风化岩层按土层考虑。

**表 5.4.2-1　系数 $c_1$、$c_2$值**

| 岩石层情况 | $c_1$ | $c_2$ |
|---|---|---|
| 完整、较完整 | 0.6 | 0.05 |
| 较破碎 | 0.5 | 0.04 |
| 破碎、极破碎 | 0.4 | 0.03 |

注：1. 当嵌岩深度小于或等于 0.5m 时，$c_1$乘以 0.75 的折减系数，$c_2 = 0$。

2. 对于钻孔桩，系数$c_1$、$c_2$值应降低 20% 采用；桩端沉渣厚度$t$应满足以下要求：$d \leqslant 1.5m$时，$t \leqslant 50mm$；$d > 1.5m$时，$t \leqslant 100mm$。

3. 对于中风化层作为持力层的情况，$c_1$、$c_2$应分别乘以 0.75 的折减系数。

**表 5.4.2-2　系数 $k_1$、$k_2$值**

| 厚度（$d$） | 0.5 | 1 | 2 | 3 | 4 | 5 | 6 | 7 | >8 |
|---|---|---|---|---|---|---|---|---|---|
| $k_1$ | 0.02 | 0.07 | 0.15 | 0.29 | 0.51 | 0.69 | 0.83 | 0.89 | 1.00 |
| $k_2$ | 0.53 | 0.73 | 0.89 | 0.91 | 0.95 | 0.96 | 0.97 | 0.99 | 1.00 |

注：当顶板厚度达到 $8d$ 时，可认为溶洞对桩基承载力特性没有影响。

**5.4.3**　当河床岩层有冲刷时，桩基须嵌入岩基，嵌岩桩按桩底嵌固设计。其应嵌入基岩中的深度，可按下列公式计算：

（1）圆形桩

$$h = \sqrt{\frac{M_H}{0.0655\beta f_{rK} d}} \tag{5.4.3-1}$$

（2）矩形桩

$$h = \sqrt{\frac{M_H}{0.0655\beta f_{rK} d}} \tag{5.4.3-2}$$

以上两式中：

$h$——桩嵌入基岩中（不计强风化层和全风化层）的有效深度（m），不应小于 0.5m；

$M_H$——在基岩顶面处的弯矩（kN·m）；

$f_{rK}$——岩石饱和单轴抗压强度标准值（kPa），黏土质岩取天然湿度单轴抗压强度标准值；

$\beta$——系数，$\beta = 0.5 \sim 1.0$，根据岩层侧面构造而定，节理发育的取小值，节理不发育的取大值；

$d$——桩身直径（m）；

# 6 岩溶地区桩基施工

## 6.1 一般规定

**6.1.1** 岩溶地区灌注桩施工前应具备下列资料：

（1）场地岩土工程勘察报告；

（2）桩基工程施工图及图纸会审纪要；

（3）主要施工机械及其配套设备的技术性能资料；

（4）桩基工程的施工组织设计；

（5）不同岩溶地质条件下桩基施工应急预案；

（6）水泥、砂、石、钢筋等原材料及其制品的质检报告；

（7）有关荷载、施工工艺的试验参考资料。

**6.1.2** 钻孔机具及工艺的选择，应根据桩型、钻孔深度、岩土层情况、溶洞发育情况、泥浆排放及处理条件综合确定。

**6.1.3** 施工组织设计应结合工程特点，有针对性地制定相应质量管理措施，主要应包括下列内容：

（1）施工平面图：标明桩位、编号、施工顺序、水电线路和临时设施的位置；采用泥浆护壁成孔时，应标明泥浆制备设施及其循环系统；

（2）确定成孔机械、配套设备以及合理施工工艺的有关资料，泥浆护壁灌注桩必须有泥浆处理措施；

（3）施工作业计划和劳动力组织计划；

（4）机械设备、备件、工具、材料供应计划；

（5）桩基施工时，对安全、劳动保护、防火、防雨、防台风、爆破作业、文物和环境保护等方面应按有关规定执行；

（6）保证工程质量、安全生产和季节性施工的技术措施；

（7）在不良地质发育的情况下，岩溶地区桩基施工应建立相应的应急预案。

**6.1.4** 桩基施工的供水、供电、道路、排水、临时房屋等临时设施，必须在开工前准备就绪，施工场地应进行平整处理，保证施工机械正常作业。

**6.1.5** 基桩轴线的控制点和水准点应设在不受施工影响的地方。开工前，经复核后应妥善保护，施工中应经常复测。

**6.1.6** 用于施工质量检验的仪表、器具的性能指标，应符合现行国家相关标准的规定。

## 6.2 临时设施

（1）施工平台

①场地为浅水时，宜采用筑岛法施工。筑岛的技术要求应符合现行《公路桥涵施工技术规范》（JTG/T F50）规范的有关规定。筑岛面积应按钻孔方法、机具大小等要求决定；高度应高于施工期间最高水位0.5~1.0m。

②场地为深水时，可采用钢管桩施工平台、双壁钢围堰平台等固定式平台，也可采用浮式施工平台。平台须牢靠稳定，能承受工作时所有静、动荷载。平台的设计与施工可按本规范的有关规定执行。

双壁钢围堰平台，应符合现行《公路桥涵施工技术规范》（JTG/T F50）的规定，且保证钢管桩施工平台施工质量要求：

a. 钢管桩倾斜率在1%以内；

b. 位置偏差在300mm以内；

c. 平台必须平整，各连接处要牢固，并定期测量钢管桩周围河床面高程，检查冲刷是否超过允许程度；

d. 严禁船只碰撞，夜间开启平台首尾示警灯，设置救生圈以保证人身安全。

（2）护筒设置

①护筒内径宜比桩径大200~400mm。

②护筒中心竖直线应与桩中心线重合，除设计另有规定外，平面允许误差为50mm，竖直线倾斜不大于1%，干处可实测定位，水域可依靠导向架定位。

③旱地、筑岛处护筒可采用挖坑埋设法，护筒底部和四周所填黏质土必须分层夯实。

④水域护筒设置，应严格注意平面位置、竖向倾斜和两节护筒的连接质量均需符合上述要求。沉入时可采用压重、振动、锤击并辅以筒内除土的方法。

⑤护筒高度宜高出地面0.3m或水面1.0~2.0m。当钻孔内有承压水时，应高于稳定后的承压水位2.0m以上。若承压水位不稳定或稳定后承压水位高出地下水位很多，应先做试桩，鉴定在此类地区采用钻孔灌注桩基的可行性。当处于潮水影响地区时，高度应高于施工期间最高水位1.5~2.0m；若采用筑岛施工时应高于筑岛平面1.0~2.0m，并应采用稳定护筒内水头的措施。

⑥护筒埋置深度应根据设计要求或桩位的水文地质情况确定，一般情况埋置深度宜为2~4m，特殊情况应加深以保证钻孔和灌注混凝土的顺利进行。有冲刷影响的河床，应沉入局部冲刷线以下不小于1.0~1.5m。

⑦护筒连接处要求筒内无突出物，应耐拉、压，不漏水。

## 6.3 泥浆的调制和使用技术要求

（1）钻孔泥浆一般由水、黏土（或膨润土）和添加剂按适当配合比配制而成，其性能指标可参照表6.3-1选用。

**表6.3-1 泥浆性能指标选择**

| 钻孔方法 | 地层情况 | 泥浆性能指标 | | | | | | | |
|---|---|---|---|---|---|---|---|---|---|
| | | 相对密度 | 黏度（Pa·s） | 含砂率（%） | 胶体率（%） | 失水率（mL/30min） | 泥皮厚（mm） | 静切力（Pa） | 酸碱度（pH） |
| 正循环 | 一般地层 | 1.05~1.20 | 16~22 | 8~4 | ≥96 | ≤25 | ≤2 | 1.0~2.5 | 8~10 |
| | 易塌地层 | 1.20~1.45 | 19~28 | 8~4 | ≥96 | ≤15 | ≤2 | 3~5 | 8~10 |
| 反循环 | 一般地层 | 1.02~1.06 | 16~20 | ≤4 | ≥95 | ≤20 | ≤3 | 1~2.5 | 8~10 |
| | 易塌地层 | 1.06~1.10 | 18~28 | ≤4 | ≥95 | ≤20 | ≤3 | 1~2.5 | 8~10 |
| | 卵石土 | 1.10~1.15 | 20~35 | ≤4 | ≥95 | ≤20 | ≤3 | 1~2.5 | 8~10 |
| 旋挖 | 一般地层 | 1.10~1.20 | 18~22 | ≤4 | ≥95 | ≤20 | ≤3 | 1~2.5 | 8~11 |
| 冲击 | 易塌地层 | 1.20~1.40 | 22~30 | ≤4 | ≥95 | ≤20 | ≤3 | 3~5 | 8~11 |

注：1. 地下水位高或其流速大时，指标取高限，反之取低限。
2. 地质状态较好时，孔径或孔深较小的取低限，反之取高限。

（2）直径大于2.5m的大直径钻孔灌注桩对泥浆的要求较高，泥浆的选择应根据钻孔的工程地质情况、孔位、钻机性能、泥浆材料条件等确定。在地质复杂，覆盖层较厚，护筒下沉不到岩层的情况下，宜采用高性能优质泥浆，泥浆的配合比应通过实验确定，配置时膨润土或丙烯酰胺即PHP水解后宜静置24h。

## 6.4 溶洞预处理技术

### 6.4.1 静压注浆技术

（1）河漫滩地层存在较厚的细砂层，表层松散不稳定且渗透性强。对于此类地质条件，宜在施工前对桩周覆盖层进行静压注浆处理以确保施工的顺利进行。

（2）每个桩基周边应均匀布置8个钻探及注浆孔，注浆范围为岩面至护筒脚以上5m左右。静压注浆宜采用套管法注浆，即采用$\phi$127mm套管打至护筒脚以上5m左右，注浆压力为0.5~1.0MPa，水灰比为1∶1。

### 6.4.2 溶洞压浆技术

（1）压浆套管应安装至溶洞底板以上0.1~0.5m。

（2）当溶洞高度小于5m时，宜压注砂浆，砂浆配合比宜为：R42.5水泥∶粉煤灰∶砂∶水∶减水剂=300∶130∶1580∶270∶8.5。灌注施工自下而上分段进行，分段以套管节长为单位，段长以2.0~3.0m为宜，向上起出一段套管则灌注一段，直至设计顶面深度为止。当基岩岩溶、溶洞灌浆孔泵送压力达 13 ~ 15MPa 时可终止压浆。

(3) 当溶洞高度大于 5m 时，宜压小碎石混凝土，小碎石混凝土配合比宜为：R42.5 水泥∶粉煤灰∶水∶砂∶碎石∶减水剂 = 180∶200∶220∶840∶990∶6.86。压浆使用地泵进行泵送，采用自下而上，分段进行灌注。泵送压力约为 13 ~ 15 MPa。当孔口返浆时即可停止压浆。

(4) 当溶洞体积较小，且洞内存在一定的充填物（卵石、碎石、黏土等）时，宜注压水泥浆。

(5) 如果压浆过程中达不到终止注浆压力时，需采取间歇注浆、掺速凝剂等措施。

### 6.4.3 旋喷围帷技术

当基岩存在填充的大溶洞时，溶洞裂隙发育强烈透水性强，冲孔前溶洞内可进行旋喷形成止水帷幕便于后续施工。旋喷浆液中可加入水玻璃，比例为 5%，一般情况下按桩基中心周边 50cm 至 1m 作用影响范围进行旋喷。

## 6.5 钻孔施工

### 6.5.1 一般要求

(1) 钻机就位前，应对钻孔各项准备工作进行检查。

(2) 钻孔时，应按设计资料绘制的地质剖面图，选用适当的钻机和泥浆。

(3) 钻机安装后的底座和顶端应平稳，在钻进中不应产生位移或沉陷，否则应及时处理。

(4) 钻孔作业应分班连续进行，填写的钻孔施工记录，交接班时应交代钻进情况及下一班应注意事项。应经常对钻孔泥浆进行检测和试验，不合要求时，应随时改正。应经常注意地层变化，在地层变化处均应捞取渣样，判明后记入记录表中并与地质剖面图核对。

### 6.5.2 钻孔灌注桩钻进的注意事项

(1) 无论采用何种方法钻孔，开孔的孔位必须准确。开钻时均应慢速钻进，待导向部位或钻头全部进入地层后，方可加速钻进。

(2) 正、反循环钻孔（含潜水钻）均应采用减压钻进，即钻机的主吊钩始终要承受部分钻具的重力，而孔底承受的钻压不超过钻具重力之和（扣除浮力）的 80%。

(3) 用全护筒法钻进时，为使钻机安装平正，压进的首节护筒必须竖直。钻孔开始后应随时检测护筒水平位置和竖直线，如发现偏移，应将护筒拔出，调整后重新压入钻进。

(4) 在钻孔排渣、提钻除土或因故停钻时，应保持孔内具有规定的水位和要求的泥浆相对密度和黏度。处理孔内事故或因故停钻时，必须将钻头提出孔外。

(5) 变截面桩的施工

全断面一次成孔或再分级扩孔钻进，分级扩孔时变截面桩开始用大直径钻头，钻到变截面处换小直径钻头钻进，达到设计高程后，再换钻头扩孔到设计直径，依次作业2~3次直到完成符合设计要求的变截面桩。钻孔时为保持孔壁稳定，覆盖层进尺不能过快，宜采用减压吊钻钻进。

**6.5.3** 浅层溶洞处理方法

（1）处治浅层溶洞，特别是土洞，宜采用钢护筒跟进法。

（2）对基桩处于单层或层数不多的浅层溶洞区且洞高小于3m的浅层溶洞，当钻孔至距溶洞顶1m左右时，应减小冲程，通过短冲程快速冲击方式逐渐将洞顶击穿，防止因冲程过大导致卡钻。

（3）在钻至地表以下、地下水位以上范围内的浅层溶洞顶前，应预先准备充足的小片石（片石直径10~20cm）、黏土（黏土做成球状或饼状，直径15~20cm）和水泥。根据溶洞的大小，回填片石和黏土的混合物，并进行反复冲砸补漏。片石和黏土混合物的比例为4:1。

（4）若土洞以外10m范围以内有重要构筑物，且土洞体积较大，且具有一定的连通性时，为保证周围构筑物的安全性，应对土洞进行预处理。

（5）对浅埋的岩溶土洞，可将其挖开或爆破揭顶，如洞内有塌陷松软土体，应将其挖除，再以块石、片石、砂等填入，然后覆盖黏性土并夯实，再行施工。

（6）对埋深在10m以内的洞体较小的溶洞、空洞或半充填溶洞可采用挖孔桩施工工艺成孔。

（7）当使用冲击钻机钻孔时，钢护筒内径应比钻头直径大20~40cm；护筒厚度保证$1/150d \sim 1/130d$，且不少于10mm；护筒顶面宜高出施工水位或地下水位2m，还应满足孔内泥浆面的高度要求，在旱地或筑岛时还应高出施工地面0.5m。

（8）钢护筒入土深度宜控制在10~15m以保护软弱覆盖层。在表层土层较软弱且溶洞发育强烈情况下，钢护筒应全面入岩，且不允许落在倾斜岩面上；若下层土层较坚硬密实，且无溶洞发育，则钢护筒应进入该密实土层至少0.5m。

（9）钢护筒跟进方法应采用分段驳接振入法，即边成孔边用振动锤振入驳接加长钢护筒，或在确定进入岩面时，直接从孔顶驳入护筒。同时节段间的焊接应密实，不漏水。

（10）护筒顶面中心与设计桩位偏差不得大于5cm，倾斜度不得大于1%。

**6.5.4** 深部溶洞处理方法

（1）埋深大于10m且洞高小于5m的溶洞

①单个溶洞且无充填或半充填的情况下，可以采用片石加黏土反复冲孔，或灌注一定的低强度等级混凝土，然后进行冲孔。

②串珠状溶洞情况下，可提前在桩基中心周边0.5~1.0m的范围内采用溶洞压浆技术或旋喷帷幕施工工艺。

（2）埋深大于10m且洞高大于5m的溶洞

①在有充填物情况下，抛填片石与黏土。当充填物为石质时，回填物以填土为主；当充填物为土时，回填物以片石为主。如果漏浆情况严重，则抛填片石、黏土、水泥至孔底，并灌注C20水下混凝土加固孔壁。

②在单个溶洞无填充物情况下，可回填片石和黏土，以片石为主，或填充混凝土、压浆。

③串珠状溶洞或空洞洞高超过8m的情况下，可提前在桩基中心周边0.5～1.0m的范围内采用溶洞压浆技术或旋喷帷幕技术进行处理。

#### 6.5.5 溶洞多发事故处理措施

（1）对于表层的土洞，以钢护筒跟进为主要的处理措施，通过钻孔成孔或人工挖孔桩成孔。在钻孔成孔过程中，当钻头到达溶洞顶板以上1m左右时，应减小冲程，通过短冲程快速冲击的方法逐渐将洞顶击穿。当顶板击穿时，先迅速提钻，避免卡钻和掉钻；再观察孔内的泥浆面的变化，一旦出现漏浆的情况应迅速补水，并投入片石和黏土的混合物，其比例为7∶3，待泥浆面稳定后再进行施工。

（2）基岩表层一般发育不规则，特别是溶槽、半边溶蚀的发育强烈。岩溶钻孔桩成桩过程中，当钻头进入基岩位置，出现偏孔和卡钻现象时，应慢速提拉钻头，并投入一定量的小片石或卵石，并以小冲程方式冲平基岩表面，待孔底平整密实后再进行后续施工，直到终孔。

（3）当基岩裂隙发育强烈，地下水渗流明显时，容易出现缓慢跑浆、反清水等现象。当出现跑浆情况时应投入适量的小片石封堵裂隙以稳定泥浆面；并随时检测泥浆的物理性能指标和化学性质，防止出现泥浆离析的现象。

（4）对于基岩以下的溶洞，若桩端需要穿越溶洞，则施工前应对溶洞进行压浆处理。当钻头到达溶洞顶板上以1m左右时，应适当减小冲程，通过短冲程快速的冲击方法逐渐将洞顶击穿。当顶板击穿时，先迅速提钻，避免卡钻和掉钻。一旦出现漏浆的情况应迅速补水，并回填片石和黏土的混合物，其比例为7∶3。如果漏浆严重，在回填片石和黏土的基础上，再压浆、灌注低强度等级混凝土，待泥浆面稳定后再进行施工。

（5）溶洞顶板被击穿后，当发现孔内水头迅速下降，护筒也伴随下沉，应立即提起钻头；如果发现地面出现裂缝并有下沉迹象时，应立即组织在场施工人员撤离到安全地方，待地面下沉稳定后再行处理。

### 6.6 清孔

#### 6.6.1 清孔要求

（1）钻孔深度达到设计高程后，应对孔深、孔径进行检查，符合表7.3.3-1要求后方可清孔。

（2）清孔方法应根据设计要求、钻孔方法、机具设备条件和地层情况决定。

（3）在吊入钢筋骨架后，灌注水下混凝土之前，应再次检查孔内泥浆性能指标和孔底沉淀厚度，如超过规定，则应进行第二次清孔，符合要求后方可灌注水下混凝土。

**6.6.2** 清孔时注意事项

（1）清孔方法有换浆、抽浆、掏渣、空压机喷射、砂浆置换等，可根据具体情况选择使用。

（2）不论采用何种清孔方法，在清孔排渣时，必须注意保持孔内水头，防止坍孔。

（3）无论采用何种方法清孔，清孔后应从孔底提取泥浆试样，进行性能指标试验，试验结果应符合表7.3.3-1的规定。灌注水下混凝土前，孔底沉淀土厚度应符合表7.3.3-1的规定。

（4）不得用加深钻孔深度的方式代替清孔。

## 6.7 灌注水下混凝土

**6.7.1** 钢筋骨架的制作、运输及吊装就位的技术要求

（1）钢筋骨架的制作应符合设计要求和《公路桥涵施工技术规范》（JTG/T F50）的有关规定。

（2）长桩骨架宜分段制作，分段长度应根据吊装条件确定，应确保不变形，接头应错开。

（3）应在骨架外侧设置控制保护层厚度的垫块，其间距竖向为2m，横向圆周不得少于4处。骨架顶端应设置吊环。

（4）骨架入孔一般用吊机，无吊机时，可采用钻机钻架、灌注塔架。起吊应按骨架长度的编号入孔。

（5）钢筋骨架的制作和吊放的允许偏差为：主筋间距±10mm；箍筋间距±20mm；骨架外径±10mm；骨架倾斜度±0.5%；骨架保护层厚度±20mm；骨架中心平面位置20mm；骨架顶端高程+20mm，骨架底面高程±50mm。

（6）变截面桩钢筋骨架吊放按设计要求施工。

**6.7.2** 灌注水下混凝土时应配备的主要设备及备用设备

（1）灌注水下混凝土的搅拌机能力，应能满足桩孔在规定时间内灌注完毕。灌注时间不得长于首批混凝土初凝时间。若估计灌注时间长于首批混凝土初凝时间，则应掺入缓凝剂。

（2）水下灌注混凝土的泵送机具宜采用混凝土泵，距离稍远的宜采用混凝土搅拌运输车。采用普通汽车运输时，运输容器应严密坚实，不漏浆、不吸水，便于装卸，混凝土不应离析。其途中运输与灌注混凝土温度有关时，可参照《公路桥涵施工技术规范》（JTG/T F50）有关规定执行。

（3）水下混凝土一般用钢导管灌注，导管内径为200～350mm，视桩径大小而定。

导管使用前应进行水密承压和接头抗拉试验，严禁用压气试压。进行水密试验的水压不应小于孔内水深 1.3 倍的压力，也不应小于导管壁和焊缝可能承受灌注混凝土时最大内压力 $p$ 的 1.3 倍，$p$ 可按式（6.7.2-1）计算：

$$p=\gamma_c h_c-\gamma_w h_w \tag{6.7.2-1}$$

式中：$p$——导管可能受到的最大内压力（kPa）；

$\gamma_c$——混凝土拌和物的重度（取 $24kN/m^3$）；

$h_c$——导管内混凝土柱最大高度（m），以导管全长或预计的最大高度计；

$\gamma_w$——井孔内水或泥浆的重度（$kN/m^3$）；

$h_w$——井孔内水或泥浆的深度（m）。

**6.7.3** 水下混凝土配制

（1）可采用火山灰硅酸盐水泥、粉煤灰硅酸盐水泥、普通硅酸盐水泥或硅酸盐水泥，使用矿渣水泥时应采取防离析措施。水泥的初凝时间不宜早于 2.5h，水泥的强度等级不宜低于 42.5。

（2）粗集料宜优先选用碎石，可适当增加混凝土配合比的含砂率。集料的最大粒径不应大于导管内径的 1/8 ~ 1/6 和钢筋最小净距的 1/4，同时不应大于 40mm。

（3）细集料宜采用级配良好的中砂。

（4）混凝土配合比的含砂率宜采用 0.4 ~ 0.5，水灰比宜采用 0.5 ~ 0.6。有试验依据时含砂率和水灰比可酌情增大或减小。

（5）混凝土拌和物应有良好的和易性，在运输和灌注过程中应无显著离析、泌水现象。灌注时应保持足够的流动性，其坍落度宜为 180 ~ 220mm。混凝土拌和物中宜掺用外加剂、粉煤灰等材料，其技术条件及掺用量可参照《公路桥涵施工技术规范》（JTG/T F50）的有关规定。

（6）每立方米水下混凝土的水泥用量不宜小于 350kg，当掺有适宜数量的减水缓凝剂或粉煤灰时，可不少于 300kg。

混凝土拌和物的配合比，可在保证水下混凝土顺利灌注的条件下，按照《公路桥涵施工技术规范》（JTG/T F50）的有关混凝土配合比设计方法计算确定。

（7）对沿海地区（包括有盐碱腐蚀性地下水地区）应配制防腐蚀混凝土。

**6.7.4** 灌注水下混凝土的技术要求

（1）首批灌注混凝土的数量应能满足导管首次埋置深度（≥1.0m）和填充导管底部的需要，所需混凝土数量可参考公式（6.7.4-1）计算。

$$V \geq \frac{\pi d^2}{4}(H_1+H_2)+\frac{\pi d_1{}^2}{4}h_1 \tag{6.7.4-1}$$

式中：$V$——灌注首批混凝土所需数量（$m^3$）；

$d$——桩孔直径（m）；

$H_1$——桩孔底至导管底端间距，一般为 0.4m；

$H_2$——导管初次埋置深度（m）；

$d_1$——导管内径（m）；

$h_1$——桩孔内混凝土达到埋置深度 $H_2$ 时，导管内混凝土柱平衡导管外（或泥浆）压力所需的高度（m），即 $h_1 = h_w \gamma_w / \gamma_c$；

$h_w$、$\gamma_w$、$\gamma_c$——意义同式（6.6.2-1）。

（2）混凝土拌和物运至灌注地点时，应检查其均匀性和坍落度等。如不符合要求，应进行第二次拌和，二次拌和后仍不符合要求时，不得使用。

（3）首批混凝土拌和物下落后，混凝土应连续灌注。

（4）在灌注过程中，特别是潮汐地区和有承压力地下水地区，应注意保持孔内水头。

（5）在灌注过程中，导管的埋置深度宜控制在 2 ~ 6m。

（6）在灌注过程中，应经常测探井孔内混凝土面的位置且在溶洞发育的高度范围内应加密检测，及时调整导管埋深。

（7）为防止钢筋骨架上浮，当灌注的混凝土顶面距钢筋骨架底部 1m 左右时，应降低混凝土的灌注速度。当混凝土拌和物上升到骨架底口 4m 以上时，提升导管，其底口高于骨架底部 2m 以上时，即可恢复正常灌注速度。

（8）灌注的桩顶高程应比设计高出一定高度，一般为 0.5 ~ 1.0m，以保证混凝土强度，多余部分接桩前必须凿除，残余桩头应无松散层。在灌注接近结束时，应核对混凝土的灌入数量，以确定混凝土的灌注高度是否正确。

（9）变截面桩灌注混凝土的技术要求

对变截面桩，应从最小截面的桩孔底部开始灌注，其技术要求与等截面桩相同。灌注至扩大截面处时，导管应提升至扩大截面下约 2m，并稍加大混凝土灌注速度和混凝土的坍落度；当混凝土面高于扩大截面处 3m 后，应将导管提升至扩大截面处上 1m，继续灌注至桩顶。

（10）使用全护筒灌注水下混凝土时，当混凝土面进入护筒后，护筒底部应始终在混凝土面以下，随导管的提升，逐步上拔护筒。护筒内的混凝土灌注高度，不仅要考虑导管及护筒将提升的高度，还要考虑因上拔护筒引起的混凝土面的降低，以保证导管的埋置深度和护筒底面低于混凝土面。要边灌注、边排水，保持护筒内水位稳定，不至过高，造成反穿孔。

（11）在灌注过程中，应将孔内溢出的水或泥浆引流至适当地点处理，不得随意排放，污染环境及河流。

**6.7.5** 灌注中发生故障时，应查明原因，合理确定处理方案，进行处理。

## 6.8 挖孔灌注桩

**6.8.1** 一般要求

（1）挖孔灌注桩适用于无地下水或少量地下水，且较密实的土层或风化岩层。若孔内产生的空气污染物超过现行《环境空气质量标准》（CB 3095）规定的三级标准浓度限值时，必须采取通风措施，方可采用人工挖孔施工。

（2）挖孔直径应按照设计规定。挖孔过程中，应经常检查桩孔尺寸、平面位置和竖轴线倾斜情况，如有偏差应随时纠正。

**6.8.2** 挖孔时的技术要求

（1）挖孔施工应根据地质和水文地质情况，因地制宜选择孔壁支护方案报批；并应经过计算，确保施工安全并满足设计要求。

（2）孔内遇到岩层须爆破时，应专门设计；宜采用浅眼松动爆破法，严格控制炸药用量并在炮眼附近加强支护。孔深大于 5m 时，必须采用电雷管引爆；孔内爆破后应先通风排烟 15min 并经检查无有害气体后，施工人员方可下井继续作业。

（3）挖孔达到设计深度后，应进行孔底处理。必须做到孔底表面无松渣、泥、沉淀土。如地质复杂，应钎探了解孔底以下地质情况是否能满足设计要求，若不能满足，应与监理、设计单位研究处理。

**6.8.3** 孔内无积水方可不采用水下灌注混凝土施工；不采用水下灌注混凝土时，可按参照现行《公路桥涵施工技术规范》（JTG/T F50）的规定施工。

## 6.9 溶洞后处理技术

（1）溶洞后处理技术应以成孔后和成桩后的各项监测数据为依托，目的是保证桩基的工程质量和足够高的桩基极限承载力。

（2）终孔后应对已成孔的中心位置、孔深、孔径、垂直度、孔底沉渣厚度进行检验；若在钻孔的过程中出现处理漏浆时间长或有塌孔现象，则应对泥皮厚度进行检验。当各项指标达到要求时方可浇筑混凝土成桩。当泥皮厚度超过要求值时可采用成桩后对桩周进行注浆处理来增强桩周摩阻力。

（3）当桩端持力层岩层裂隙发育强烈，且桩端持力层顶板厚度小于设计厚度时，应对持力层进行桩端后注浆处理。

（4）桩端后注浆处理应在下钢筋笼时预埋注浆管，注浆管应穿过沉渣进入岩面。注浆量应根据桩端和桩侧土层类别、渗透性能、桩径、桩长、承载力增幅要求、沉渣施工工艺、上部结构荷载特点和设计要求等因素确定。

（5）桩端后注浆处理注浆压力应根据岩层裂隙发育情况而定，一般控制在 5 ~ 10MPa。在桩端后注浆中，应以注浆量为主控因素，以注浆压力为辅控因素。现场应做好注浆量—注浆压力的记录情况。

# 7 桩基质量检测与验收

## 7.1 一般规定

**7.1.1** 桩基工程应进行桩位、桩长、桩径、桩身质量的检验，必要时应进行单桩承载力的检验。

**7.1.2** 桩基工程的检验按时间顺序可分为三个阶段：施工前检验、施工检验和施工后检验。

**7.1.3** 对砂、石子、水泥、钢材等桩体原材料质量的检验项目和方法应符合国家现行有关标准的规定。

**7.1.4** 对于具有下列情况的大桥、特大桥，应通过静载荷试验确定单桩承载力：

（1）桩的入土深度远超过常用桩；

（2）地质情况复杂、难以确定桩的承载力；

（3）有其他特殊要求的桥梁用桩。

## 7.2 施工前检验

**7.2.1** 施工前应严格对桩位进行检验。

**7.2.2** 灌注桩施工前应进行下列检验：

（1）混凝土拌制应对混凝土配合比、坍落度、混凝土强度等级等进行检查；

（2）钢筋笼制作应对钢筋规格、焊条规格、品种、焊口规格、焊缝长度、焊缝外观和质量、主筋和箍筋的制作偏差等进行检查，钢筋笼制作允许偏差应符合现行《公路桥涵施工技术规范》（JTG/T F50）的要求。

## 7.3 施工检验

**7.3.1** 钻孔在终孔和清孔后，应进行孔位、孔深检验。

**7.3.2** 孔径、孔形和倾斜度宜采用专用仪器测定，当缺乏专用仪器时，可采用外径为钻孔桩钢筋笼直径加100mm（不得大于钻头直径），长度为4～6倍外径的钢筋检孔器吊入钻孔内检测。

**7.3.3** 钻（挖）孔成孔的质量标准见表7.3.3-1。

**表7.3.3-1 钻（挖）孔成孔质量标准**

| 项　目 | 允许偏差 |
| --- | --- |
| 孔的中心位置（mm） | 群桩：100；单排桩：50 |
| 孔径（mm） | 不小于设计桩径 |
| 倾斜度 | 钻孔：小于1%；挖孔：小于0.5% |
| 孔深 | 摩擦桩：不小于设计规定；<br>端承桩：比设计深度超深不小于50mm |
| 沉淀厚度（mm） | 摩擦桩：符合设计要求，当设计无要求时，对于直径≤1.5m的桩，≤30mm；对桩径>1.5m或桩长>40m或土质较差的桩，≤50mm；<br>端承桩：不大于设计规定 |
| 清孔后泥浆指标 | 相对密度：1.03～1.10；黏度：17～20Pa·s；<br>含砂率：<2%；<br>胶体率：>98% |

注：清孔后的泥浆指标，是从桩孔的顶、中、底部分别取样检验的平均值。本项指标的测定，仅指大直径桩或有特定要求的钻孔桩。

**7.3.4** 灌注桩施工过程中应进行下列检验：

（1）灌注混凝土前，应按照现行《公路桥涵施工技术规范》（JTG/T F50）有关施工质量要求，对已成孔的中心位置、孔深、孔径、垂直度、孔底沉渣厚度进行检验；

（2）应对钢筋笼安放的实际位置等进行检查，并填写相应质量检测、检查记录。

## 7.4 施工后检验

**7.4.1** 根据不同桩型按现行《公路桥涵施工技术规范》（JTG/T F50）规定检查成桩桩位偏差。

**7.4.2** 桩身混凝土抗压强度应符合设计规定；每桩试件组数为2～4组，检验要求应符合现行《公路桥涵施工技术规范》（JTG/T F50）的规定。

**7.4.3** 基桩成桩后应进行桩身完整性检验。除逐桩通过声波透射法检测外，还应随机抽取20%的桩进行低应变法检测。当设计有规定时或对桩的质量有疑问时，应采用钻芯法进行检测。对桩端持力层的钻探，每根受检桩应不少于1孔，且钻探深度应满足设计要求。当设计无明确要求时，桩底持力层的钻探深度一般不小于3倍桩径且不小于3m。

## 7.5 基桩及承台工程验收资料

**7.5.1** 基桩验收应包括下列资料：

（1）工程地质勘察报告、桩基施工图、图纸会审纪要、设计变更单及材料代用通知等；

（2）经审定的施工组织设计、施工方案及执行中的变更单；

（3）桩位测量放线图，包括工程桩位线复核签证单；

（4）原材料的质量合格和质量鉴定书；

（5）施工记录及隐蔽工程验收文件；

（6）成桩质量检查报告；

（7）其他必须提供的文件和记录。

**7.5.2** 承台工程验收时应包括下列资料：

（1）承台钢筋、混凝土的施工与检查记录；

（2）桩头与承台的锚筋、边桩离承台边缘距离、承台钢筋保护层厚度记录；

（3）桩头与承台防水构造及施工质量；

（4）承台厚度、长度和宽度的量测记录及外观情况描述等。

**7.5.3** 承台工程验收除符合本节规定外，尚应符合现行国家标准《混凝土结构工程施工质量验收规范》（GB 50204）的规定。

**7.5.4** 承台的质量检验标准见表 7.5.4-1。

**表 7.5.4-1 承台的质量检验标准**

| 项　目 | 允许偏差 | 项　目 | 允许偏差 |
| --- | --- | --- | --- |
| 混凝土强度（MPa） | 符合设计要求 | 平面尺寸（mm） | ±1‰ |
| 轴线偏位（mm） | 15 | 顶面高程（mm） | ±1‰ |

附件

# 《广东省岩溶地区公路桥梁桩基设计与施工技术指南》

（GDJTG/T A01—2016）

## 条 文 说 明

# 1 总则

**1.0.1** 由于广东省地处我国南部，地理位置和气候特征造就了广东省岩溶地质的特殊工程性质，多表现为溶蚀、溶沟、溶槽、中小型串球状洞穴或单个小型洞穴以及裂隙较为发育且规律性不强等特点，具有明显区域性特征，这些给岩溶地区桩基的设计、施工就带来了很大的难度。另外，在造价、工程特点、管理体系等方面的特殊性，更给岩溶地区桩基的质量控制带来了巨大的挑战，使得目前的公路特别是高等级公路建设中在设计、施工和管理等方面易出现质量问题和质量隐患。如岩溶地区桩基处理方法选择不当，造成岩溶病害或者是资金的浪费；施工过程安排不科学，导致施工质量出现隐患或者是延误工期；施工管理不到位，使得信息流通不畅未能对质量事故及时处理，或者错过最佳处理时间等。

近年来，广东省境内，特别是粤北、粤西北地区高速公路的建设过程中，不同单位围绕岩溶桩基工程实际问题开展了科学研究和工程实践。如勘察阶段各种有效勘察方法的选取、设计中最佳嵌岩深度、顶板安全厚度的考虑、施工过程中各种岩溶不良地质灾害处置技术手段和方法等，都取得了许多值得推广的研究成果和工程经验。通过本指南的制定一方面为岩溶地区桩基设计与施工技术提供准则；另一方面，可以进一步推动和提高广东省岩溶地区桩基设计与施工技术的水平。

**1.0.2** “广东省岩溶地区桩基设计、施工技术地方规定研究”专题研究系统收集了国内外岩溶地区桩基设计与施工领域已取得的研究成果，借鉴了我国其他地区岩溶桩基勘察、设计与施工工程实践，总结了10余年来广东省在岩溶地区桩基处理方面的研究成果和工程经验，开展了相应的理论专题研究，有针对性地提出了适用于广东省内岩溶地区大型桥梁桩基工程的设计与施工指南。

**1.0.3** 岩溶地区大型桥梁桩基设计与施工过程中应以安全和质量为中心。必须坚持因地制宜的原则，结合不同的工程地质条件和桥梁工程特点区别对待。

**1.0.4** 桩基施工中，应积极推广采用新技术、新工艺、新设备、新材料、新检测方法。当采用未列入本指南的新技术、新工艺、新设备、新材料、新检测方法时，必须制订不低于本指南水平的质量标准和工艺要求，并经有关部门批准后方可执行。

**1.0.5** 岩溶桩基施工准备工作和技术交底、施工组织、施工管理工作是安全完成施工任务和工程质量的保证条件，故本条予以特别强调。

**1.0.6** 桩基施工的现行国家标准主要是《公路桥涵施工技术规范》（JTG/T F50）《建筑桩基技术规范》（JGJ 94）和《钻孔灌注桩施工规程》（DGTJ 08—202）。

国家和行业有关现行标准：

《公路勘测规范》（JTG C10）

《公路工程地质勘察规范》（JTG C20）

《岩土工程勘察规范》（GB 50021）

《公路桥涵设计通用规范》（JTG D60）

《公路桥涵地基与基础设计规范》（JTG D63）

《公路桥涵施工技术规范》（JTG/T F50）

《钻孔灌注桩施工规程》（DGTJ 08—202）

《公路工程基桩动测技术规程》（JTG/T F81—01）

《先张法预应力混凝土管桩》（GB 13476）

《公路工程质量检验评定标准》（JTG F80/1）

《建筑基桩检测技术规范》（JGJ 106）

《建筑地基基础检测规范》（DBJ 15—60）

《预应力混凝土用钢棒》（GB/T 5223.3）

《建筑桩基技术规范》（JGJ 94）

# 2 术语及符号

本章列出了指南中一些主要术语，对在条文中已加阐明的重要术语，本章均不再重复列出。术语的解释只是术语的概括性含义，仅供引用时参考。

本章列出了指南中的主要符号，一般按现行国家标准的规定采用；现行国家标准没有规定的，则采用习惯符号。符号的文字说明只是结合指南内容所作的注解。

# 3 基本规定

**3.0.1** 岩溶地区桩基设计与施工应按有关标准、规范和文件要求，编制施工组织设计；这是保证岩溶地区桩基施工安全、质量控制和生态环境保护的基础，特别强调这一基本规定。

**3.0.2** 《岩土工程勘察规范》（GB 50021—2001）（2009 版）和交通运输部《公路工程地质勘察规范》（JTG C20—2011）里明确了岩溶地区场地工程地质勘察技术手段和方法以及勘察的主要内容。除应满足上述要求外，对于大型桥梁桩基来讲，尚应满足每基桩设一勘探点。此外，在岩溶地质现象复杂的情况下，或发现可能存在危害工程的洞体时，可考虑工程地质、水文地质和场地条件适当增加勘探孔 2 ~ 3 个，或选择性地应用物探、地质雷达、管波探测法和层析成像技术等，准确揭示场地范围内的岩溶空间形态特征和分布规律。

**3.0.3** 岩溶地区的桩基设计应尽量避开稳定性差的浅埋溶洞群或洞径大、顶板岩层破碎、洞底有新近堆积物、土洞发育的地段。在这样的岩溶地质条件下，容易出现漏浆、卡钻、掉钻甚至大面积的岩溶塌陷等问题，以致影响工程进度甚至无法保证工程的顺利进行。在确实无法避开的情况下，岩溶地区桩基的设计与计算必须充分考虑合理的顶板安全厚度和最佳嵌岩深度。本指南 5.2 桩基设计指南中，对于不同岩溶地质条件的桩基结构以及溶洞顶板稳定性分析、计算方法进行了相应的规定。

**3.0.4** 同一承台下的两根桩基施工或者相邻区域有多根桩基施工时，强调“应遵循先难后易的施工顺序”。难施工的桩基指的是岩溶地质条件复杂的桩基，这种情况下，极易出现各种不同状况的施工事故，包括漏浆、卡钻、掉机具或局部、大范围塌陷等。

**3.0.6** 桩位成孔可以通过人工挖孔或钻孔成孔的形式完成。岩溶不良地质条件的工程处治包括浅层溶洞和深层溶洞处理、溶洞压浆技术等，这些处置是岩溶地区桩基施工质量和安全的重要保障。

# 4 岩土工程勘察

**4.0.1** 岩土工程勘察应按桥梁桩基工程建设各勘察阶段的要求，正确反映工程地质条件，查明不良地质作用和地质灾害，精心勘察、精心分析，提出资料完整和评价正确的勘察报告。这是岩溶桩基设计的基础，是必须要强调的重点。同时，也是处治不良岩溶地质灾害的主要依据。

**4.0.2** 本条规定了岩溶的勘察阶段划分及其相应的工作内容和要求。

（1）强调可行性研究或选址勘察的重要性。在岩溶区进行工程建设，会带来严重的工程稳定性问题，故在场址比选中，应深入研究，预测其危害，做出正确抉择；

（2）强调施工阶段补充勘察的必要性。岩溶土洞是一种形态奇特、分布复杂的自然现象，宏观上虽有发育规律，但在具体场地上，其分布和形态则是无常的，因此，进行施工勘察非常必要。

岩溶勘察的工作方法和程序，强调下列各点：

（1）重视工程地质研究，在工作程序上必须坚持以工程地质测绘和调查为先导；

（2）岩溶规律研究和勘探应遵循从面到点、先地表后地下、先定性后定量、先控制后一般以及先疏后密的工作准则；

（3）应有针对性地选择勘探手段，如为查明浅层岩溶可采用槽探，为查明浅层土洞可用钎探，为查明深埋土洞可用静力触探等；

（4）采用综合物探，用多种方法相互印证，但不宜以未经验证的物探成果作为施工图设计和桩基处理的依据。目前，地质雷达、管波探测法和层析成像技术等在广东省岩溶地区勘察中得到一定的推广和应用，可以准确揭示场地范围内的岩溶空间形态特征和分布规律。

**4.0.3** 本条规定了岩溶场地工程地质测绘应着重查明的内容，共9个部分，都与岩土工程分析评价密切有关。岩溶洞隙、土洞和塌陷的形成和发展，与岩性、构造、土质、地下水等条件有密切关系。因此，在工程地质测绘时，不仅要查明形态和分布，更要注意研究机制和规律。

**4.0.5** 土洞与塌陷对工程的危害远大于岩体中的洞隙，查明其分布尤为重要。但是，对单个土洞一一查明，难度及工作量都较大。土洞和塌陷的形成和发展，是有规律的。本条根据实践经验，提出在岩溶发育区和土洞可能密集分布的地段重点勘探，使勘察工作有的放矢。

**4.0.6** 工程需要时，应积极创造条件，更多地进行一些洞体顶板试验，积累资料。目前实测资料很少，岩溶定量评价缺少经验。现行评价洞体稳定性的方法有较大的安全储备。

**4.0.7** 当前岩溶评价仍处于经验多于理论、宏观多于微观、定性多于定量的阶段。本条根据已有经验，指出几种对工程不利的情况。当遇所列情况时，宜建议绕避或舍弃，否则将会增大处理的工程量，在经济上是不合理的。

**4.0.8** 强调基桩场地详细勘察应保证“一桩一孔”。即使“一桩一孔”，有时还难以完全控制，有些问题可留到施工勘察去解决。岩溶地质现象复杂的情况下，或发现可能存在危害工程的洞体时，可考虑工程地质、水文地质和场地条件适当增加勘探孔 2～3 个。传统的物探勘测技术和地质雷达、管波探测法和层析成像技术等可以作为岩溶现象调查的辅助技术手段，但必须与钻孔勘探资料相验证和结合，才能准确揭示场地范围内的岩溶空间形态特征和分布规律。

**4.0.9** 钻孔应钻穿溶洞进入稳定岩土层，保证获得桥梁桩基有效持力层。根据已有经验和《岩土工程勘察规范》（GB 50021—2001）（2009 年版）、《公路工程地质勘察规范》（JTG C20—2011）的要求，嵌岩桩的控制性勘探钻孔应深入预计桩端平面以下不小于 3～5 倍桩身设计直径，并不小于 5m；一般性钻孔应深入预计桩端平面以下不小于 1～3 倍桩身设计直径。

**4.0.10** 岩土参数是桥梁桩基设计中承载力、顶板稳定性和最佳嵌岩深度等的重要参数。由于土性指标的变异性，单个指标不能代表土的工程特性，必须通过统计分析确定其代表值。参考《岩土工程勘察规范》（GB 50021—2001）（2009 年版）和《公路工程地质勘察规范》（JTG C20—2011），本条明确了在不同勘察阶段土样原位测试的要求，并规定了原状土试样和原位测试的最少数量，以满足统计分析的需要。

**4.0.11** 初步勘察阶段和详细勘察阶段可以获取桩基场地岩溶地质条件，但受勘察技术手段的限制，施工过程中会出现预料不到的岩溶地质灾害，需进行补充勘探，进一步查明岩溶地质条件发育的基本规律。一方面，可以有针对性地解决施工中可能出现的问题；另一方面，可以为变更设计提供更加详实的资料。

# 5 岩溶地区桩基设计与计算

## 5.1 一般规定

**5.1.1** 主要考虑岩溶地区的基岩表面起伏大，溶沟、溶槽、溶洞较发育以及无风化岩层覆盖等特点，设计应把握三方面要点：一是基桩选型和工艺宜采用钻、冲孔灌注桩，以利于嵌岩；二是应控制嵌岩最小深度，以确保倾斜基岩上基桩的稳定；三是当基岩的溶蚀极为发育，溶沟、溶槽、溶洞密布，岩面起伏很大时，采用灌注桩后注浆技术进行加固处理是可行的措施。

附加荷载是指桩顶荷载加上桩体自重减去土体的浮重后作用于溶洞顶板的荷载，附加荷载是导致溶洞失稳的直接因素。附加荷载$f_a=\dfrac{G+N_k}{A}-\lambda_2 Z$，其中$G$为桩体重量，$N_k$为桩顶荷载，$A$为桩截面积，$\lambda_2$为桩端以上土层的加权重度（同时应考虑水的作用），$Z$为桩长。

**5.1.2** 为满足桩基设计所需的基本资料，除场地工程地质、水文地质资料外，还需要桩基场地的环境条件、桩基工程平面布置、结构类型、结构安全等级、抗震设防烈度、场地类别、桩的施工条件、类似地质条件的试桩资料等，以满足桩型、桩端持力层、单桩承载力、布桩等概念设计阶段和施工图设计阶段的资料要求。

**5.1.3** 基桩构造

（1）桩的直径应根据受力大小、桩基形式和施工条件等综合因素确定。一般情况下，钻孔灌注桩的设计直径宜为1.0～3.2m；挖孔桩直径或最小边宽不宜小于1.2m。

（2）钢筋混凝土桩

锤击或振动下沉的钢筋混凝土方桩和管桩都是预制的，其桩身配筋除应符合基础结构的强度要求外，并应满足运输、起吊和沉桩时的受力要求，所以需要通长配筋。锤击或振动下沉的过程中，桩的两端受力较大，尤其在坚硬的土层中受力更大，故桩两端的箍筋或螺旋筋间距要适当加密。

钻（挖）孔桩是先钻（挖）孔，随后就地灌注混凝土制成的，没有吊运、下沉等工序，因此，钻（挖）孔桩仅按结构受力要求分段配筋。当按内力计算不需要配筋时，应在桩顶3.0～5.0 m内设构造钢筋。为防止钢筋骨架在成形或吊装过程中产生太大的变形，一般规定主筋的最小直径不应小于16mm，且每桩主筋数量不应少于8根。为使灌注的混凝土能顺畅地从钢筋笼骨架内溢出，主筋的净距不应小于80mm，但也不应大于350mm。如配筋较多时，可将钢筋成束布置，每束不应多于3根。为防止因骨架移动发生露筋现象，钢筋净保护层厚度不应小于60mm。箍筋直径不应小于主筋直径的1/4，且不应小于8mm。当骨架较重时，为增加吊装时的骨架刚度，一般沿钢筋笼骨架每隔2.0～2.5m设置直径16～22mm的加劲箍一道。

钢筋混凝土桩采用法兰盘接头。为节省用钢量和加快施工进度，应尽量减少接头数量，可根据施工条件，决定分节长度。

## 5.2 桩基设计指南

**5.2.1** 对于稳定性较差的浅埋溶洞群，溶洞顶板大多由不稳定的杂土够成，溶洞自稳性较差。因此有必要对溶洞在强降雨时或者人工扰动下的稳定性进行评价。一般对于埋深较浅的土洞群可以采用揭顶、开挖和换填等方式进行处理，以保证其稳定性。

专题理论研究报告取得的主要成果表明：当桩端以下3倍桩径或者5m范围内有溶洞存在，且溶洞顶板较破碎，岩溶水丰富时，对桩下单个较大的溶洞，可视洞体顶板形态、成拱条件和裂隙分布状况，分别将其作为梁、板或拱壳受力情况进行稳定性计算。

（1）梁模型验算

顶板按梁板受力情况计算，其受力弯矩按下列情况计算：

① 当顶板跨中有裂缝，顶板两端支座处岩石坚固完整时，按悬臂梁计算：

$$M=\frac{1}{2}pl^2 \tag{5.2.1-1}$$

② 若裂隙位于支座处，而顶板较完整时，按简支梁计算：

$$M=\frac{1}{8}pl^2 \tag{5.2.1-2}$$

③ 若支座和顶板岩层均较完整时，按两端固定梁计算：

$$M=\frac{1}{12}pl^2 \tag{5.2.1-3}$$

抗弯验算：

$$\frac{6M}{bH^2}\leqslant\sigma_t \tag{5.2.1-4}$$

$$H\geqslant\sqrt{\frac{6M}{b\sigma_t}} \tag{5.2.1-5}$$

抗剪验算：

$$\frac{4f_s}{H}\leqslant\tau \tag{5.2.1-6}$$

式中：$M$——弯矩（kN·m）；

$p$——顶板所受总荷重 $p=p_1+p_2$；

$p_1$——顶板厚为 $H$ 的岩体自重（kN/m）；

$p_2$——顶板上附加荷载（kN/m）；

$l$——溶洞计算跨度（m）；

$\sigma_t$——岩体的计算抗弯强度（参考岩体质量和经验常数之间关系表）；

$f_s$——支座处的剪力（kPa）；

$\tau$——岩体的计算抗剪强度（参考岩体质量和经验常数之间关系表）；

$b$——梁板的宽度（m）；

$H$——顶板岩层厚度（m）。

（2）拱模型验算

该模型适用于覆岩较厚、埋深较大的溶洞，此时在溶洞上覆岩层中能形成稳定的压力拱。当顶板岩体被密集裂隙切割呈块状或碎石状时，可认为顶板将成拱状塌落，而其上荷载及岩体则由拱自身承担。

溶洞未坍塌时，相对于与天然拱处于平衡状态，如发生坍塌则形成破裂拱。破裂拱高度 $H$ 为：

$$H=\frac{0.5b+H_0\tan\left(90-\varphi\right)}{f} \tag{5.2.1-7}$$

式中：$b$——溶洞宽度（m）；

$H_0$——溶洞的高度（m）；

$\varphi$——岩石内摩擦角（°）；

$f$——岩石强度系数，$f=\frac{1}{\tan\varphi}$。

破裂拱以上的岩体重量由拱承担；因承担上部荷载尚需一定的厚度，故溶洞顶板的安全厚度为破裂拱高加上部荷载作用所需要的厚度，再加适当的安全系数。

（3）板模型验算

确定岩溶地区桩基持力岩层安全厚度时，其计算模型通常是将持力岩层视为一刚性底板，其上作用一垂直桩端荷载，此时底板可能出现冲切、剪切和弯拉破坏等（图5.2.1-1）。

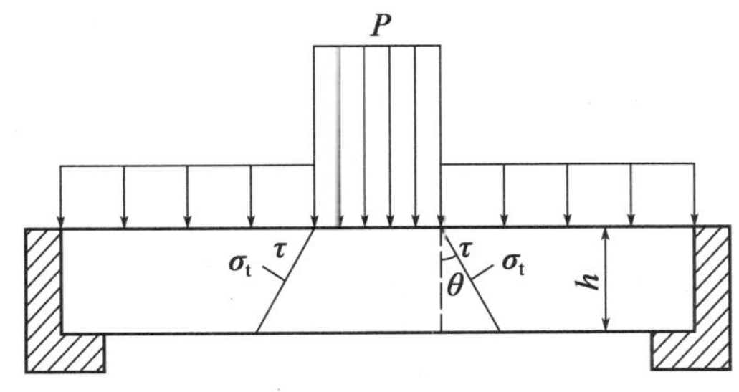


**图 5.2.1-1 桩基硬持力层冲切简图**

一般认为当溶洞跨度较大时，顶板的极限破坏形式多表现为冲切破坏。顶板的冲切角可近似取为：$\theta=45^\circ-\varphi/2$（$\varphi$ 为基岩的内摩擦角）。持力岩层抗冲切效应达到极限平衡状态时，冲剪锥台上方岩体对锥台侧表面的剪应力和拉应力都是存在的。但在工程实际中为安全起见，这两种应力状态应独立验算。

按台侧岩层抗剪破坏模式计算：

$$\frac{p_0\pi d^2}{4}\leqslant\frac{\pi\tau}{k_1}\left(dh+h^2\tan\theta\right) \tag{5.2.1-8}$$

式中：$p_0$——桩端应力；

$d$——桩径；

$\tau$——冲切面岩体极限抗剪强度（参考岩体质量和经验常数之间关系表）；

$k_1$——抗剪安全系数；

$h$——顶板厚度；

$\theta$——持力层的冲切角。

按台侧岩层抗拉破坏模式计算：

$$\frac{p_0\pi d^2}{4}\leqslant\frac{\pi\sigma_t\tan\theta}{k_2}\left(dh+h^2\tan\theta\right) \tag{5.2.1-9}$$

式中：$p_0$——桩端应力；

$d$——桩径；

$\sigma_t$——冲切面岩体极限抗拉强度（参考表5.2.1-1岩体质量和经验常数之间关系表）；

$k_2$——抗拉安全系数；

$h$——顶板厚度；

$\theta$——持力层的冲切角。

**表5.2.1-1 岩体质量和经验常数之间关系表**（据Hoek and Brown，1980）

| 经验强度方程 | 具有很好结晶解理的碳酸盐类岩石，如白云岩、灰岩、大理岩 | 成岩的黏土质岩石，如泥岩、粉砂岩、页岩、板岩（垂直于板理） | 强烈结晶，结晶解理不发育的砂质岩石，如砂岩、石英岩 | 细粒、多矿物结晶岩浆岩，如安山岩、辉绿岩、玄武岩、流纹岩 | 粗粒、多矿物结晶岩浆岩和变质岩，如角闪岩、辉长岩、片麻岩、花岗岩、石英、闪长岩等 |
|---|---|---|---|---|---|
| 完整岩块试件、实验室试件尺寸，无节理。<br>RMR 100<br>Q 500 | $m=7.0$<br>$S=1.0$<br>$A=0.816$<br>$B=0.658$<br>$T=-0.140$ | $m=10.0$<br>$S=1.0$<br>$A=0.918$<br>$B=0.677$<br>$T=-0.099$ | $m=15.0$<br>$S=1.0$<br>$A=1.044$<br>$B=0.692$<br>$T=-0.067$ | $m=17.0$<br>$S=1.0$<br>$A=1.086$<br>$B=0.696$<br>$T=-0.059$ | $m=25.0$<br>$S=1.0$<br>$A=1.220$<br>$B=0.705$<br>$T=-0.040$ |
| 质量非常好的岩体，紧密互锁，未挠动未风化岩体，节理间距3m左右。<br>RMR 85<br>Q 100 | $m=3.5$<br>$S=0.1$<br>$A=0.651$<br>$B=0.679$<br>$T=-0.028$ | $m=5.0$<br>$S=0.1$<br>$A=0.739$<br>$B=0.692$<br>$T=-0.020$ | $m=7.5$<br>$S=0.1$<br>$A=0.848$<br>$B=0.702$<br>$T=-0.013$ | $m=8.5$<br>$S=0.1$<br>$A=0.883$<br>$B=0.705$<br>$T=-0.012$ | $m=12.5$<br>$S=0.1$<br>$A=0.998$<br>$B=0.712$<br>$T=-0.008$ |

续上表

| 经验强度方程 | 具有很好结晶解理的碳酸盐类岩石，如白云岩、灰岩、大理岩 | 成岩的黏土质岩石，如泥岩、粉砂岩、页岩、板岩（垂直于板理） | 强烈结晶，结晶解理不发育的砂质岩石，如砂岩、石英岩 | 细粒、多矿物结晶岩浆岩，如安山岩、辉绿岩、玄武岩、流纹岩 | 粗粒、多矿物结晶岩浆岩和变质岩，如角闪岩辉长岩、片麻岩、花岗岩、石英闪、长岩等 |
|---|---|---|---|---|---|
| 质量好的岩体，新鲜至轻风化，轻微构造变化岩体，节理间距1～3m。<br>RMR 65<br>Q 10 | $m=0.7$<br>$S=0.004$<br>$A=0.369$<br>$B=0.669$<br>$T=-0.006$ | $m=1.0$<br>$S=0.004$<br>$A=0.427$<br>$B=0.683$<br>$T=-0.004$ | $m=1.5$<br>$S=0.004$<br>$A=0.501$<br>$B=0.695$<br>$T=-0.003$ | $m=1.7$<br>$S=0.04$<br>$A=0.525$<br>$B=0.698$<br>$T=-0.002$ | $m=2.5$<br>$S=0.004$<br>$A=0.603$<br>$B=0.707$<br>$T=-0.002$ |
| 中等质量岩体，中等风化、岩体中发育有几组节理，间距为0.3～1m。<br>RMR 44<br>Q 1.0 | $m=0.14$<br>$S=0.0001$<br>$A=0.198$<br>$B=0.662$<br>$T=-0.0007$ | $m=0.2$<br>$S=0.0001$<br>$A=0.234$<br>$B=0.675$<br>$T=-0.0005$ | $m=0.30$<br>$S=0.0001$<br>$A=0.280$<br>$B=0.691$<br>$T=-0.0003$ | $m=0.34$<br>$S=0.0001$<br>$A=0.295$<br>$B=0.691$<br>$T=-0.0003$ | $m=0.50$<br>$S=0.0001$<br>$A=0.346$<br>$B=0.700$<br>$T=-0.0002$ |
| 坏质量岩体，大量风化节理，间距30～500mm，并含有一些夹泥。<br>RMR 23<br>Q 0.1 | $m=0.04$<br>$S=0.00001$<br>$A=0.115$<br>$B=0.645$<br>$T=-0.0002$ | $m=0.05$<br>$S=0.00001$<br>$A=0.129$<br>$B=0.655$<br>$T=-0.0002$ | $m=0.08$<br>$S=0.00001$<br>$A=0.162$<br>$B=0.672$<br>$T=-0.0001$ | $m=0.09$<br>$S=0.00001$<br>$A=0.172$<br>$B=0.676$<br>$T=-0.0001$ | $m=0.13$<br>$S=0.00001$<br>$A=0.203$<br>$B=0.68$<br>$T=-0.0001$ |
| 非常坏质量岩体，具大量严重风化节理，间距小于50mm，充填夹泥。<br>RMR 3<br>Q 0.01 | $m=0.007$<br>$S=0$<br>$A=0.042$<br>$B=0.534$<br>$T=0$ | $m=0.010$<br>$S=0$<br>$A=0.050$<br>$B=0.539$<br>$T=0$ | $m=0.015$<br>$S=0$<br>$A=0.061$<br>$B=0.546$<br>$T=0$ | $m=0.071$<br>$S=0$<br>$A=0.065$<br>$B=0.548$<br>$T=0$ | $m=0.025$<br>$S=0$<br>$A=0.078$<br>$B=0.556$<br>$T=0$ |

**5.2.2** 圆形截面钻孔灌注桩易于施工，适用于各种地层。但其不利于桩基侧摩阻力的发挥，桩端承力较大，对溶洞顶板的压力较大。而在技术条件成熟的前提下采用变截面桩（葫芦形桩）可以将桩顶应力有效地分担到桩侧土层中；同样桩端的扩大头有利于减小溶洞顶板的应力集中。这都能加强顶板的稳定性，提高基桩的承载力。

**5.2.3** 基桩的桩径一般由基桩极限承载力来确定，当基桩承载力取决于桩身强度时，桩身截面尺寸必须满足设计对桩身强度的要求。可由式 5. 2. 3-1 公式估算桩径：

$$A=\frac{Q_u}{\psi\cdot\phi\cdot f_{ck}} \tag{5. 2. 3-1}$$

式中：$Q_u$——与桩身材料强度有关的单桩极限承载力（kN）；

$\phi$——钢筋混凝土受压构件的稳定系数；

$\psi$——施工条件系数；

$f_{ck}$——混凝土的轴向抗压强度（kPa）；

$A$——桩身截面积（$m^2$）。

如果地质资料显示持力层溶洞跨径不大（与桩径相近），可以考虑适当调整桩基桩径或者桩端扩大头直径；如果溶洞顶板有溶槽、溶蚀发育，在保证经济效益的同时应尽量保证桩径端部能覆盖溶洞顶板的大部分溶槽、溶蚀以及裂隙。这样能有效防止顶板顶裂隙薄弱面的冲切破坏。如图 5. 2. 3-1 所示。

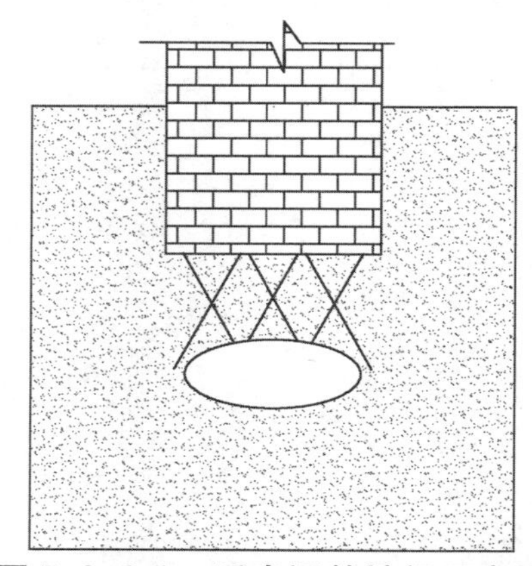

图 5. 2. 3-1　适当调整桩径示意图

**5. 2. 5**　专题研究报告表明：

（1）岩溶地区嵌岩桩桩长设计应根据地质条件确定，并综合确定终孔的标高。一般认为当桩端持力层完整基岩厚度小于 3 倍桩径，基岩裂隙发育时，桩端应穿越溶洞进入下层基岩，以保证桩基的承载力和溶洞顶板的安全性。

（2）桩基荷载分担比是影响持力层溶洞安全性的重要因素，当采用摩擦型桩设计时，可以有效减小桩端的应力，提高桩端下溶洞的安全性。同时桩身和桩周土的最大滑移距离是保证桩基侧摩阻力的前提，当溶洞顶板太薄时，桩土相对滑移距离没有达到最大桩侧摩阻力所需值时，溶洞顶板已经破坏。因此为了保证桩土的最大滑移距离，应保证桩端面以下溶洞顶板厚度大于 2. 5$d$ 且不小于 4m。

（4）在地勘资料不明的情况下，根据极限侧摩阻力理论，当超前钻显示桩端以下 2. 5$d$ 或者 4m 范围内为完整基岩时，可确定终孔高程；如果原设计桩基为摩擦型桩，桩基侧摩阻力所占比例超过 50% 时，可适当减小溶洞的板板厚度，但必须对桩端持力层进行注浆处理以加强顶板的整体性和稳定性；当桩身较短（小于 30m），原设计为端承桩时，上部荷载较大且端承力占绝大比例 80% 以上，则顶板安全厚度要求值需达到 3 ~ 5$d$；如果桩端以下持力层岩性较差、岩体较破碎、岩溶裂隙发育强烈、裂隙水丰富，则应保证顶板安全厚度在3.5$d$或5m左右以确保顶板稳定。

（6）根据弹性介质力学理论，可以把围压应力作用下的小型溶洞简化为薄板小孔模型来计算溶洞围岩的应力。这里认为跨度在1.5$d$以内、洞高在5m以内的溶洞为小型溶洞。小型溶洞体系受力示意图如图5.2.5-1所示。

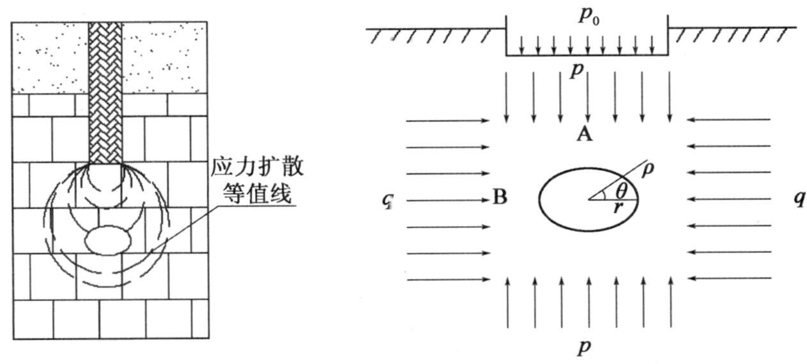


图5.2.5-1　大桩径小溶洞体系应力扩散示意图

根据弹性理论，当均匀弹性体中存在一孔洞时，圆孔周边产生的应力集中影响区域为距圆心3倍半径范围以内，其余范围可忽略应力集中的影响。考查距溶洞中心距离3$r$处$A$点岩体所受竖向应力和$B$点围岩所受横向应力为：

$$p = K_{rA}p_0 \tag{5.2.5-1}$$

$$q = \lambda K_{rB}p_0 \tag{5.2.5-2}$$

式中：$K_{rA}$、$K_{rB}$——分别为溶洞附近$A$点和$B$点的附加应力系数；

$p_0$——桩底的压应力；

$\lambda$——岩体在溶洞位置的侧向压力系数。

将溶洞简化成均匀弹性体里的一个圆形孔洞，则根据弹性理论计算如下：

$$\sigma_r = \frac{1}{2}(p+q)\left(1-\frac{r^2}{\rho^2}\right)+\frac{1}{2}(q-p)\left(1-\frac{r^2}{\rho^2}\right)\left(1-3\frac{r^2}{\rho^2}\right)\cos2\theta \tag{5.2.5-3}$$

$$\sigma_\theta = \frac{1}{2}(p+q)\left(1+\frac{r^2}{\rho^2}\right)-\frac{1}{2}(q-p)\left(1+3\frac{r^2}{\rho^2}\right)\cos2\theta \tag{5.2.5-4}$$

$$\tau_{r\theta} = \frac{1}{2}(p-q)\left(1-\frac{r^2}{\rho^2}\right)\left(1+3\frac{r^2}{\rho^2}\right)\sin2\theta \tag{5.2.5-5}$$

式中：$\sigma_r$——溶洞边缘岩体的环向正应力；

$\sigma_\theta$——溶洞边缘岩体的径向正应力；

$\tau_{r\theta}$——溶洞边缘岩体的剪应力；

$r$——溶洞半径；

$\rho$——岩体距溶洞中心的距离；

$\theta$——相对水平轴的转角。

沿着溶洞边缘，令$\rho = r$时，溶洞边缘的环向正应力表示为：

$$\sigma_\theta = p(1+2\cos2\theta)+q(1-2\cos2\theta) \tag{5.2.5-6}$$

将式5.2.5-1和式5.2.5-2代入5.2.5-6有：

$$\sigma_\theta = p_0[K_{rA}(1+2\cos2\theta)+\lambda K_{rB}(1-2\cos2\theta)] \tag{5.2.5-7}$$

圆形面积上竖向均布荷载作用下的附加应力系数为：

$$K_r = 1 - \frac{1}{(1 + r^2/z^2)^{3/2}} \quad (5.2.5\text{-}8)$$

式中：$r$——应力圆的半径；

$z$——距应力圆中心的垂直距离。

若取溶洞顶板厚度为 $3d$（$d$ 为桩径），溶洞半径为 $0.3d$，则 $A$ 点距桩底距离约为 $2d$，$B$ 点距桩底距离约为 $2.5d$。代入式（5.2.5-8）有：

$K_{rA} = 0.09$；$K_{rB} = 0.06$。

岩体的侧向压力系数 $\lambda = \frac{\mu}{1-\mu}$（$\mu$ 为岩石的泊松比）。若取 $\mu = 0.3$ 时，则有岩体的侧向压力系数 $\lambda = 0.43$。

沿溶洞边缘几个重要数值如表 5.2.5-1 所示。

**表 5.2.5-1　溶洞边缘重要应力值**

| $\theta$ | 0° | 30° | 45° | 60° | 90° |
|---|---|---|---|---|---|
| $\sigma_\theta$ | $0.24p_0$ | $0.18p_0$ | $0.12p_0$ | $0.05p_0$ | $-0.01p_0$ |

注：正为压应力，负为拉应力。

由此可见：沿洞边的应力集中最大值出现在洞边上下两侧和水平两侧处，溶洞水平两侧表现为压应力，其中压应力最大值为 $0.24p_0$。上下两侧表现为拉应力，其中拉应力最大值为 $0.01p_0$。当溶洞围岩完整且位于均匀围压下时，溶洞自稳性效果好，可以不用考虑溶洞对桩基承载力的影响，也可以不用考虑溶洞的稳定性。

从以上的理论分析可知，薄板小孔模型假设的前提是溶洞处于桩端竖向扩散应力和横向侧向压力的围压范围内。因此当勘察资料显示桩端下溶洞高度小于 5m，其顶板跨度小于临界跨度 $l_{cr} = d + 2h\tan\theta$（$d$ 为桩径，$h$ 为顶板厚度，$\theta$ 为岩石应力扩散角）时，可不用考虑溶洞对桩基承载力的影响，但顶板厚度必须大于 $1d$ 且不小于 2m。同时，应尽量减小在冲孔过程对溶洞的扰动，达到终孔高程时应采用小冲程快打的冲孔方式终孔。

（7）根据桩端应力扩散理论，当溶洞偏离桩基一定距离（溶洞位于桩端应力扩散范围以外）时。桩下完整岩体承担绝大部分的扩散应力。因此溶洞存在对桩基的影响很小，基本可以忽略不记。桩端应力扩散示意图如图 5.2.5-2 所示。

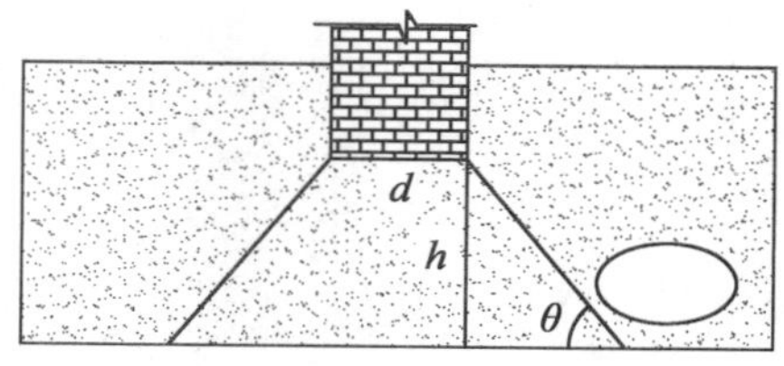


**图 5.2.5-2　溶洞偏心示意图**

临界横向偏心距离为：

$$\Delta l_{cl} = \frac{1}{2}(d + l) + \gamma h\tan\theta \quad (5.2.5\text{-}9)$$

式中：$d$——桩基桩径；

$l$——溶洞跨度；

$\gamma$——溶洞形态调整系数；

$h$——顶板高度；

$\theta$——岩石应力扩散角。

当溶洞中心偏离桩中心横向距离超过此临界偏心距离时可不考虑溶洞对桩基承载力的影响。但应对溶洞边侧壁加固，防止横向扰动影响溶洞侧壁稳定性。

（8）当桩下持力层溶洞为规则的形态时，溶洞的稳定性较好，桩基承载力较高。（图 5. 2. 5-3 和图 5. 2. 5-4）一般认为规则的椭圆形溶洞和圆形溶洞的稳定性较长方体和圆柱体的稳定性好，但应避免不规则形溶洞在受力作用下的应力集中效应。当溶洞形态复杂时，可对溶洞部分畸角处或形状变异较大的局部采用压浆处理。

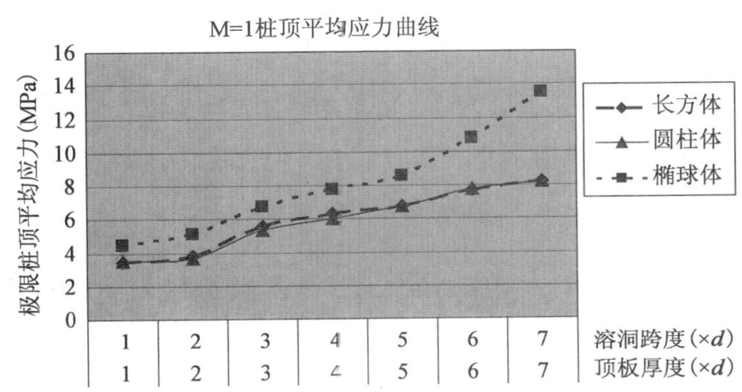


5. 2. 5-3　**溶洞厚跨比（$d/l$）为 1 时，不同溶洞形态对桩基极限承载力的影响**

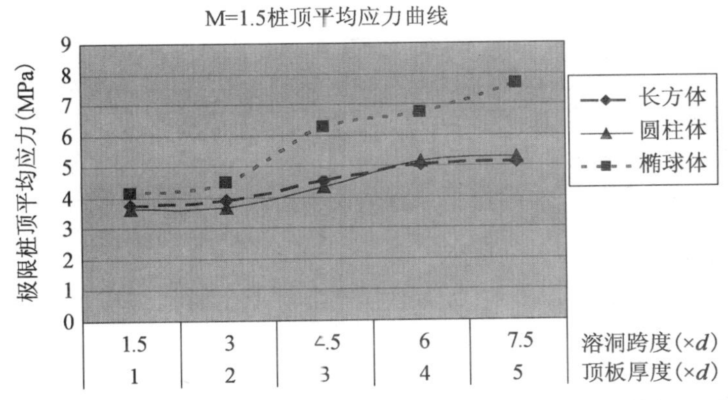


.2. 5-4　**溶洞厚跨比（$d/l$）为 1.5 时，不同溶洞形态对桩基极限承载力的影响**

**5. 2. 6**　当嵌岩桩设计为端承桩且桩下持力层为完整基岩时，盲目加大桩端的嵌岩深度是不科学的，这一方面加大了施工的难度，另一方面也减小了桩端承力的荷载分担比。分析如图 5. 2. 6-1 所示。

从图 5. 2. 6-1 可以看出：对于桩下持力层为完好基岩的情况，随着嵌岩深度的增加，后段的曲线斜率逐渐减小。这是由于嵌岩深度的增加会影响岩层极限侧摩阻力的发挥，同时当嵌岩深度增加时桩端的端承力会减小。增大嵌岩深度只是大大提高了桩周岩层的侧摩阻力，却不利于桩端持力层端承力的发挥。因此当桩端基岩完整性较好，持力层厚度较大时，一味地追求嵌岩深度，既增大了施工难度，又不能很好地提高桩基承载力，故此做法不可取。

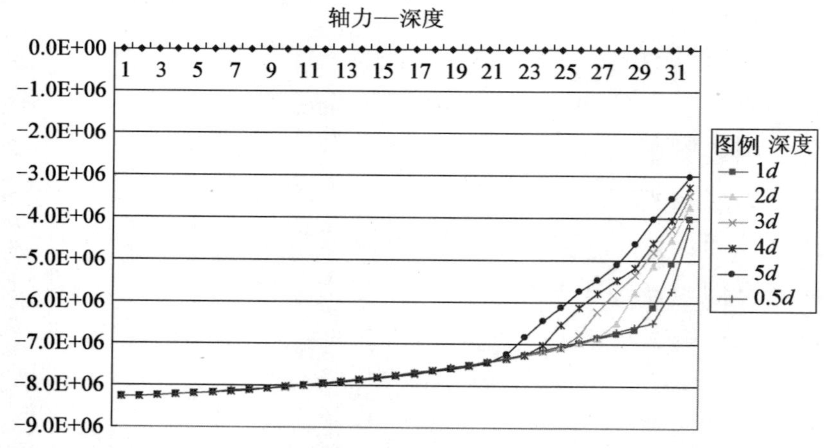


**图 5.2.6-1　端承桩桩下持力层为完整基岩时的轴力—深度曲线**

对于溶洞顶板存在双因素相互制约的情况，当基岩面与溶洞顶面距离（完整持力层厚度）为5倍桩径左右时，若是桩端穿过溶洞也无法找到合适的落脚点，同时穿越多层溶洞也会大大增加成本和施工风险。因此在这种嵌岩深度和桩端下溶洞顶板厚度相互制约（嵌岩深度＋桩端下溶洞顶板厚度≤$6d$）的情况下，应遵循“桩端嵌岩深度宜浅不宜深，优先保证顶板安全厚度”的原则。分析结果如图 5.2.6-2 和表 5.2.6-1 所示。

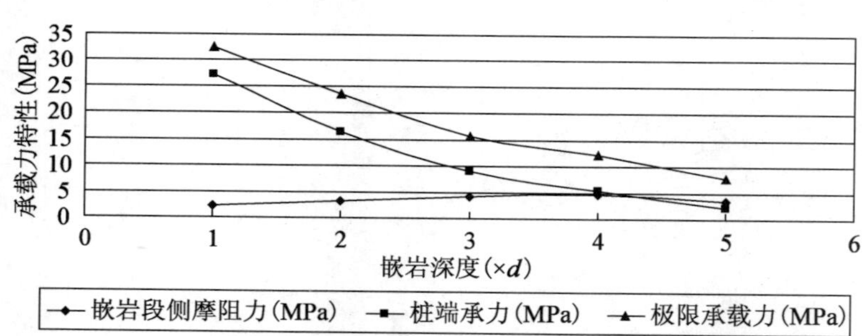


**图 5.2.6-2　双制约因素下承载力特性分析**

**表 5.2.6-1　相互制约条件下嵌岩深度变化对桩基承载力特性的影响计算结果**

| 嵌岩深度（×$d$） | 顶板厚度（×$d$） | 桩顶位移（mm） | 岩土界面桩身位移（mm） | 桩端位移（mm） | 嵌岩段桩土相对滑移距离（mm） | 嵌岩段桩岩平均滑移距离（mm/$d$） | 嵌岩段桩侧摩阻力（MPa） | 嵌岩段桩平均侧摩力（MPa/$d$） | 桩端承载力（MPa） | 桩基极限承载力（MPa） |
|---|---|---|---|---|---|---|---|---|---|---|
| 1 | 5 | 32 | 14.7 | 13.4 | 1.3 | 1.30 | 2.1 | 2.1 | 27.1 | 32.6 |
| 2 | 4 | 22 | 9.4 | 7.8 | 1.6 | 0.80 | 3.2 | 1.6 | 16.4 | 23.4 |
| 3 | 3 | 14 | 5.6 | 4.2 | 1.4 | 0.47 | 4.2 | 1.4 | 9.0 | 15.7 |
| 4 | 2 | 10 | 3.5 | 2.3 | 1.2 | 0.30 | 4.7 | 1.2 | 5.4 | 12.3 |
| 5 | 1 | 6 | 2.1 | 1.3 | 0.8 | 0.16 | 3.5 | 0.7 | 2.3 | 7.8 |

## 5.3 桩的布置和中距

（1）桩的排列应根据受力大小和施工条件确定，一般群桩的布置宜采用对称排列；若承台面积不大，桩数较多，则可采用梅花形或环形排列。

（2）摩擦桩的群桩中距，从受力考虑，最好是使各桩端平面处压力分布范围不相重叠，以充分发挥其承载能力。根据这一要求，经试验测定，中距定为$6d$（$d$为直径或边长）。但桩距如采用$6d$就需要很大面积的承台，故一般采用的群桩中距均小于$6d$。为了使桩端平面处相邻桩作用于土的压力重叠不致太多，以致因土体挤密而使桩打不下去，故根据经验规定锤击、静压沉桩在桩端平面处的中距不小于$3d$；振动下沉桩，因土的挤压更为显著，所以规定在桩端平面处中距不小于$4d$。桩在承台底面处的中距均不应小于桩径（或边长）的1.5倍。

钻孔桩不存在沉桩过程中相互影响或打不下去的现象，为减小承台面积，其中距可以适当减小。但中距过小会使桩间土体与桩侧间的摩擦支承作用降低，故规定不小于$2.5d$。

挖孔桩的摩擦桩中距，可参照钻孔桩确定。

端承桩因桩尖处不发生压力重叠现象，只要施工许可，其中距可比摩擦桩适当减小。

支承或嵌固在基岩中的钻（挖）孔桩中距，不应小于桩径的2.0倍。

钻（挖）孔扩底灌注桩中距不应小于1.5倍扩底直径或扩底直径加1.0m，取较大者。

（3）边桩（或角桩）外侧至承台边缘的距离，应保证桩顶主筋弯成喇叭形后还有足够的保护层，同时在桩顶弯矩及横向力的作用下承台边缘圬工不致破裂。

## 5.4 桩基计算

**5.4.1** 假定承台底面以上全部荷载由桩承受。从一些旧桥的开挖检验中发现，承台底面与地基土有脱离现象，故不考虑承台底面的地基土分担承台底面以上的竖直荷载。

另外，桥台土压力一般自填土前的原地面起算，当有开挖时，则自基坑底面起算。对老填土或冲积填土，所谓“原地面”乃指填新土前的地面。当台前陡坎距离较近时，土压力应自陡坎下地面起算；当先填土后施工桥台，且填土质量有充分保证时，土压力可自填土后的地面起算。

**5.4.2** 本规范给出嵌岩桩（不包括强风化、全风化岩）单桩承载力的计算模式为：承载力一般由桩周土总侧阻力、嵌岩段总侧阻力和总端阻力三部分组成。

（1）关于上覆土层侧阻力问题，以往有这样一种概念：凡嵌岩桩必为端承桩，凡端承桩均不考虑土层侧阻力。研究结果表明：随着上覆土层的性质和厚度的不同，嵌入基岩性质和深度的不同，以及桩端沉渣厚度不同，桩侧阻力、端阻力的发挥性状也不同。大量现场试验结果表明，一般情况下，即使桩端置于新鲜或微风化基岩中，上覆土层侧阻力也是可以发挥的。

参照《公路桥涵地基与基础设计规范》（JTG D63—2007），为安全起见，当 $2\text{MPa} \leq f_{rk} < 15\text{MPa}$ 时 $\zeta_a = 0.8$；当 $15\text{MPa} \leq f_{rk} < 30\text{MPa}$ 时，$\zeta_a = 0.5$；当 $f_{rk} > 30\text{MPa}$ 时，$\zeta_a = 0.2$；当 $f_{rk} < 2\text{MPa}$ 时按摩擦桩计算。

（2）持力层岩性问题。实际上有大量的工程采用了中风化层作为桩基持力层，本规范岩性划分时考虑中风化层，故本次修订考虑了中风化层作为持力层的情况。为安全起见，$c_1$、$c_2$值还应分别乘以 0.75 的折减系数。

（3）系数 $c_1$、$c_2$的选择主要由孔中泥浆的清除情况及钻孔有无破碎等因素决定，同时也受嵌岩深度和施工工艺的影响。另外，摩阻力系数 $c_2$要适当考虑孔壁粗糙度的影响。根据冲击钻钻岩石的经验，坚硬的岩石和很软的岩石，孔壁的粗糙度比中等强度的岩石要平滑些。参照《公路桥涵地基与基础设计规范》（JTG D63—2007），本指南表 5.4.2-1 将 $c_1$、$c_2$的数值划分为三类，根据具体情况选用。当嵌岩段桩长过短，入岩深度小于或等于 0.5m 时，综合考虑各种因素，$c_1$采用表列数值的 0.75 倍，$c_2 = 0$；对于钻孔桩，系数 $c_1$、$c_2$值可降低 20%。

本条所述嵌岩桩系指桩端嵌入中风化岩、微风化岩或新鲜岩，桩端岩体能取样进行单轴抗压强度试验的情况。对于桩端置于强风化岩中的嵌岩桩，由于强风化岩不能取样成型，其强度不能通过单轴抗压强度试验确定。这类强风化嵌岩段极限承载力参数标准值可根据岩体的风化程度按砂土、碎石类土取值，按摩擦桩计算。

（4）根据本课题的专题研究报告，考虑在不同厚度溶洞条件下，对嵌岩桩（不包括强风化、全风化岩）单桩承载力计算进行了修正，增加了表 5.4.2-2 系数 $k_1$和 $k_2$。

**5.4.3** 该条参照《公路桥涵地基与基础设计规范》（JTG D63—2007），公式未考虑钻孔底面承受挠曲力矩的影响，根据已有的试验资料验证，计算的深度偏于安全。

# 6 岩溶地区桩基施工

**6.1** 本指南规定了岩溶地区桩基施工基础资料的准备、施工工艺及机具选择、组织设计与质量控制的相关内容。

**6.2** 所要求的护筒内径大小与钻机的钻锥钻孔时在孔内摆动程度有关，有钻杆导向的钻机钻锥摆动较小，否则摆动较大，条文是按此原则和各地施工经验拟定的。

护筒顶端高出地下水位或施工水位的高度要求与钻孔方法、地层情况有关。

无论采用何种钻孔方法，当地质不良（如松散的砂类土）容易坍孔时，应比同类钻孔方法而地质较好，不易坍孔的孔内水头提高0.5m以上。

孔内有承压水时，护筒顶端高度应按稳定后的承压水位考虑，否则易造成塌孔。若孔内承压水位时高时低，高低差很大或承压水位高出地面2m以上，应按条文规定做试桩，鉴定在该地区采用钻孔灌柱桩基的可行性。试桩若不成功，则宜采用沉入桩基。这个问题最好在设计阶段解决。若设计文件已确定为钻孔灌注桩，施工前才发现有大承压水，则较为麻烦。

**6.3** 参照《公路桥涵施工技术规范》（JTG/T F50—2011），提出了泥浆调制和使用技术要求。

PHP泥浆的主要成分：膨润土、碳酸钠、聚丙烯酰胺的水解物、锯木屑、稻草、水泥或有机纤维复合物。

PHP泥浆的配比应通过试验确定，参考配比如下：

（1）膨润土为水质量的6%~8%；

（2）碳酸钠为膨润土质量的0.3%~0.5%；

（3）羧甲基纤维素（CMC）为膨润土质量的0.5%~0.1%；

（4）聚丙烯酰胺（PHP）为泥浆量的0.003%。

孔内有渗漏时，加锯木屑为水质量的1%~2%，稻草末或水泥填加量为每立方米泥浆17kg；孔内有承压水或地下水位高，渗漏严重时，加重晶粉、珍珠岩粉及方铝矿粉，填加量为每立方米泥浆17kg。

应设置泥浆制造、循环、净化系统。

## 6.5 钻孔施工

**6.5.1** 按不同地层选用适当的钻锥，合适的钻进速度和泥浆性能可以防止钻进时的故障，加速钻孔完成。泥浆的性能在钻进中是不断变化的。为了使泥浆的性能指标随时都符合本指南表6.3-1 的要求，以加快钻孔速度，避免或减少孔壁坍塌事故，故条文规定应经常对泥浆进行试验。

捞取钻孔中土样的目的是为了与勘察设计时的地质剖面图核对，使得对泥浆、钻锥、钻进压力和钻进速度的选择更为合适。

**6.5.2** 各种钻孔方法的开孔都具有导向作用，若在开孔时孔位偏移，竖直度、孔径超过允许偏差，则继续钻进时，偏差会越来越大。

减压钻进可使钻杆在整个钻进过程中维持竖直状态，使钻进回转平稳，避免或减少斜孔、弯孔和扩孔现象。

全护筒下压至挖掘面下多深，或挖掘面深入到护筒底端多少，完全按土质硬度和是否易于坍塌而定。

全护筒压入土内总深度要考虑各地层总摩阻力和拔筒功率，避免压入过深拔不出来。

在钻孔排渣、提钻头除土或因故停钻时，应保持孔内具有规定的水位和要求的泥浆相对密度和黏度。处理孔内事故或因故停钻，必须将钻头提出孔外。该条规定的目的是为了防止坍孔。

**6.5.3** 浅层溶洞处理方法

（1）岩溶地区表层土洞具有稳定性差，易受扰动，施工难度大等特征。广清扩建工程流溪河大桥南岸表层覆盖层土洞发育较为强烈，施工过程中，多处表层土洞坍塌，并导致周边原有路基地面局部开裂，对原有路基的安全性存在隐患。施工方案修改后，大量采用钢护筒下沉的方法，取得了较好的效果。岩溶地区桩基施工中钢护筒主要有以下几方面作用：

①控制桩位，导正钻具；

②保护孔口，隔离地表水渗漏，防止孔口及孔壁坍塌；

③保护和提高孔内水头高度，增加对孔壁的静水压力，增加孔壁的稳定性；

④护筒顶面可作为钻孔深度、混凝土面位置及导管的测量基准；

⑤在护身顶面可设置桩位中心标记，以此调整钢筋的位置，使其中心与桩中心一致。

⑥固定钢筋笼。

（2）当钻头距离溶洞顶面1m 左右距离时，应采用小冲程快打的方式缓慢冲破溶洞顶板。当钻头距离溶洞顶板较近时，一方面容易突然冲破顶板，另一方面基岩面的溶槽和溶蚀发育丰富。因此为了防止冲程过大，导致钻头在冲破顶板时掉钻或卡钻，同时也为了减小大范围地面塌陷，应采用小冲程快打的方式施工，同时现场施工人员应做好“一听，二看，三监测”的现场监控途径。一要听钻头冲击的声音判断其下面是否有溶洞；二要看孔内泥浆面的变化，当泥浆面迅速下降时，做好补石、抛石应急措施；三要实时监测泥浆的性能指标并做好记录，并根据不同的情况对泥浆性能进行及时调整。

（4）当表层溶洞周围10m或者5倍桩径范围内有相邻的构筑物时，应根据构筑物的重要性对溶洞进行相应预处理。防止桩基施工过程中，溶洞坍塌引起地面的开裂并对构筑物造成不良影响。加固预处理措施主要有以下几方面：

①当相邻构筑物为重要的建筑时，应对表层土洞采取揭顶、换填、强夯等处理措施，对深层溶洞进行压浆处理。并采用旋喷注浆的方法将溶洞施工区域和构筑物之间进行隔离并加强该区域土体的强度。保证该构筑物的安全性；

②当相邻构筑物为一般性的建筑时，应对表层土洞采取揭顶、换填、强夯等处理措施，对深层溶洞进行压浆处理或者采用旋喷注浆的方法将溶洞施工区域和构筑物之间进行隔离并加强该区域土体的强度。保证该构筑物的安全性；

③当相邻构筑物为次要性建筑或者临时建筑时，可根据现场的实际情况并综合考虑经济效益确定施工方案。

（6）当桩长不长，且地质资料显示溶洞和浅埋型土洞时，可以采用人工挖孔加机械挖孔相结合的施工方案成孔。其主要优点在于挖孔桩对周围土体的扰动小且成本较低。但要注意挖孔工人的安全和机械设备的安全。挖孔桩施工工艺流程如下。

准备工作→挖土、石方→孔内排水送风→校正孔中心及几何尺寸→修整孔壁→绑扎护壁钢筋→安装护壁模板→校正中心及模板圆度→浇筑护壁混凝土→养护→拆模板、修理护壁混凝土→下节排水送风挖土……循环施工→达设计要求持力层→做扩大头并用自制可折叠三角尺检查→成孔→钢筋笼制安→清底→混凝土浇筑。

**6.6** 掏渣法清孔只能淘取粗粒钻渣，不能降低泥浆相对密度，故只能作为初步清孔。使用高压水管插入孔底射清水时，射入水所需压力应稍大于清孔前泥浆的密度与钻孔深度的乘积。喷射清孔法采用射水或射风的时间约3～5min，所需射水（射风）的压力应比孔底水（泥浆）压力大0.05MPa，射水压力过大易引起坍孔，过小则水或风射不出来，或虽能射出来，但不能起到翻腾沉淀物的效果。

砂浆置换清孔法也可适用于换浆法清孔后，孔底沉淀物太厚不能满足设计要求的情况。

**6.7.1** 钢筋骨架的制作、运输及吊装就位的技术要求

（5）钢筋骨架制作和吊放的允许偏差参照《公路工程质量检验评定标准》（JTG F80/1—2012）及《公路桥涵施工技术规范》（JTG/T F50—2011）的有关规定拟定。

**6.7.3** 水下混凝配件

（4）混凝土拌和物中含砂率较大时，其和易性较好，灌注水下混凝土要求较好的

和易性，故宜用较大的含砂率。

（5）混凝土拌和物中掺用外加剂、粉煤灰等材料可以提高其和易性和缓凝性能。

**6.7.4** 灌注水下混凝土的技术要求

（4）在潮汐地区或水位涨落甚急的河流和有承压力地下水地区，其水位高涨时，将使护筒内水头不足，而导致孔壁坍塌，故规定如条文。

（5）钻孔灌注桩灌注过程中，导管的最小埋置深度，从理论上说应与灌注深度（漏斗底口至混凝土表面深度）成正比。灌注深度较大时，超压力和冲击力也较大，导管最小埋深宜较大一些，以缓和超压力和冲击力，使冲出导管底口的混凝土拌和物缓缓上升。否则，新灌注的拌和物可能冲破首批混凝土，冒到其上面，将泥浆沉淀物裹入桩中，形成夹层断桩。条文规定的最小埋深2m是根据文献《水下灌注预防断桩夹层及钢筋顶托上升技术研究报告》的试验结果并考虑适当的安全系数确定的，与过去常用的经验数据相符。灌注后期，灌注深度小，超压力减小，最小埋深也不宜小于2m。因为灌注后期，首批混凝土表面的泥浆沉淀增厚，有时还夹有少量坍土。若导管埋深太小，特别是在探测混凝土表面高度不精确时，容易造成导管提漏、进水，造成夹层断桩。

为了防止埋管事故，导管埋深不宜过大。条文规定为6m。

（7）条文规定的目的是为了防止钢筋骨架被混凝土拌和物从漏斗向下灌注混凝土的冲击力转为向上的顶托力而上升。

（9）变截面桩的水下混凝土灌注技术要求基本上与单截面的相同，只是在截面变换处须按条文规定办理。

（10）护筒底口以上积存的混凝土高度不能太小。因为筒外与井壁之间有一定的空隙，护筒壁本身也有一定的体积，护筒提升后，护筒内的混凝土要填充此项空隙，可能使混凝土表面突然下降，甚至降至护筒底口以下，使护筒进水或涌入泥砂，故规定如条文。

**6.8.1** 一般要求

（1）当地下水位太高、流量太大，挖孔时排水较困难常在水中作业不安全，进度也慢，故规定如条文。

孔内若产生有毒气体或浮尘超过《环境空气质量标准》（GB 3095）的规定，对井下施工人员有害，不得采用人工挖孔施工。

人工挖孔时要考虑孔壁支护和便于井下挖掘，挖孔桩平面尺寸应大于120cm。孔深大于15m时，通风较为困难，工人施工有危险，工效也大为降低，一般不宜采用人工挖孔。如设计桩长大于15m，必须采用人工施工时，应加强机械通风和安全措施，或采用机械挖掘。

**6.8.2** 孔壁支护，为了确保施工人员安全，不论地质松紧和地下渗水情况如何，均须如条文规定设置孔壁支护。

木、竹等非永久性支护，如不能在浇筑混凝土时拆除，则桩身与孔壁被隔离，因摩阻力产生的桩承载力不复存在，故规定如条文。

有些混凝土护壁是预制框圈，按上、下分节安装，上、下层间不能承受拉力；有些现浇混凝土护壁因条件限制，质量较差，强度较低，也不能承受拉力，故规定如条文。

挖孔时如有水渗入，开始时水很小，越往下挖，渗水量越大，可能造成孔壁坍塌，故必须加强孔壁支护。用井点法降低地下水位只适宜于砂类土地层和渗水量较大的情况，其设备安装费用大，应进行技术经济比较决定。

在挖孔深度达 10m 时，孔底空气自然流通条件变坏，空气中 $CO_2$的含量逐渐积累，当达到 3% 时，就会引起人呼吸紊乱、头疼、呕吐等。为了确保安全和提高工效，条文规定 $CO_2$含量达到 0.3% 或挖孔深度达 10m，就应当采取机械通风。一般工地很少配备气体化学分析仪器，可按挖掘深度达 10m，就采用机械通风。

当孔底岩层倾斜时，凿成水平或台阶是为了防止桩底承载力产生水平分力。由于有些炸药的质量问题，爆破后不能达到零氧平衡（氧元素含量恰好使碳、氮元素的含量完全氧化），而形成正氧平衡，产生 NO 或 $NO_2$，或负氧平衡，产生 CO（对人体有毒）。故规定如条文。若采用化学分析方法检测有困难时，可将小动物送入孔底数分钟后提出检查，如无异状，工人才可下井工作。

# 7 桩基质量检测与验收

**7.1～7.4** 以强制性条文规定必须对基桩承载力和桩身完整性进行检验。桩身质量与基桩承载力密切相关，桩身质量有时会严重影响基桩承载力，通过检测可减少桩基安全隐患，并可为判定基桩承载力提供参考。

表7.3.3-1要达到清孔后的泥浆指标就要保证灌注前的泥浆符合表内各项指标要求。表注中有特定要求的钻孔桩一般指孔内有承压水、遇透水性很强的地层易坍孔、孔深超过50m、端承桩等对泥浆有特定要求的钻孔桩。

**7.4.2** 每根桩试件组数2～4，具体取值按现行《公路工程质量检验评定标准》（JTG F80/1）的规定执行。

**7.4.3** 需要钻取芯样鉴定的数量、检测合格的规定可参照《建筑基桩检测技术规范》（JGJ 106—2014）和广东省标准《建筑地基基础检测规范》（DBJ 15—60）的规定执行。